JN316448

南方熊楠の謎
鶴見和子との対話

松居竜五 編

鶴見和子　雲藤等　千田智子　田村義也

藤原書店

南方熊楠の謎　目次

第II部　南方熊楠の謎

〈座談会〉鶴見和子さんを囲んで……　鶴見和子　松居竜五　雲藤 等　田村義也　千田智子

南方熊楠の謎

鶴見和子との対話

第Ⅰ部　鶴見和子とその南方熊楠研究

松居竜五

1　鶴見和子と南方熊楠

「晩学」からの出発

「南方熊楠（みなかた・くまぐす）について、私は晩学である[1]」。

一九七八年に講談社から刊行された『南方熊楠――地球志向の比較学』（以下、『地球志向の比較学』）巻頭の「はしがき」で、鶴見和子はそのように宣言している。この時、上智大学教授であった鶴見はちょうど六十歳の還暦を迎えたばかりであった。客観的に考えれば、その年齢で初めて刊行した南方に関する研究を、「晩学」と呼ぶことは、たしかに適切な自己認識と考えられるかもしれない。

一九一八年に生まれた鶴見和子は、戦前に哲学を志して米国ヴァッサー大学に留学し、日米開戦によって帰国を余儀なくされたが、戦後は『思想の科学』での言論活動や生活綴り方運動などに力を入れた。一九六六年には戦争によって中断された米国での学問を再開し、プリンストン大学で社会学博士号（Ph.D.）を取得、社会学者としての道を歩み始める。国内の各種メディアに登場する機会も多く、一九七〇年代には、すでに言論人として、業績・実力ともに高く評価されていた。ジョン・デューイ、パール・バック、柳田国男などの一流の哲学者、文学者、民俗学者らと長年渡り合ってきた鶴見にとって、六十歳近くでの南方熊楠との出会いは、遅いと言えばまことに遅い、と感じられたとしても無理はない。

しかし、この「はしがき」以降の『地球志向の比較学』の本篇を読み始めると、およそ「晩学」という言葉とは似つかわしくない一気呵成な若々しい筆遣いに圧倒されることになる。その筆致は、時に気恥ずかしいほどの情熱のほとばしりとともに、南方熊楠という、自分の学問を代弁してくれる対象を見つけた知的興奮の瞬間を活写していく。その過程を体験すると、最初に記された「晩学」という言葉が、一種のアイロニーとさえ感じられてくる。それほどまでに、『地球志向の比較学』は鶴見の発見の瑞々しい悦びを感じさせるものとなっているのである。

あるいは、鶴見自身がこの奇跡的な出会いに関して、むしろ自分自身でも新鮮な驚きを感じていた、と言うこともできるだろう。前述のように鶴見は、当時の日本人女性にあってはなかなか得られないような、二十歳での米国への留学という、もっとも早い年代からの、もっとも恵まれたスタートを切った。そして、その後も同時代の日本女性の知性面での代表としての期待に応えて、学問的成果を挙げてきた人物である。その鶴見が、人生も半ばを過ぎた頃にこれほどの思想的な衝撃を受ける出会いを経験するということに対しては、実のところは本人がもっともびっくりしていたとしてもおかしくはない。

では、南方熊楠との出会いのどのような点が、鶴見にとってそれほどまでに刺激的だったのだろうか。ここからは、その後の南方研究の展開についても考慮に入れながら、あらためて鶴見の『地球志向の比較学』を読み直してみることにしたい。

まず、最初の章において、鶴見は南方熊楠の「学問の目標」として、柳田国男との比較を通じて「「東国の学風」の創出」「対決をおそれぬ精神」「英文と日本文の文体のちがい」の三点を挙げている。「東国の学風」は、南方と柳田が二十世紀初頭の日本人が持つべき学問態度として共鳴した言葉である。それに対して「対決をおそれぬ精神」では、南方と柳田の違いについて述べ、柳田は自分が西洋から受けた影響をややもすれば隠し、韜晦しようとすることで対立を未然に避けているのに対して、南方がいかに西洋と真正面から渡り合おうとしたか、ということについて論じている。このあたりが、鶴見による南方論の開幕、という感のあるところである。

南方は、土宜法龍に対して、柳田国男に対してよりも、より安心して、大胆に、自己の抱負を語っている。そこでかれが開陳したのは、ヨーロッパの思想や学問が、普遍性をかかげているが、それは、西ヨーロッパという局地における「普遍性」である。インドや中国や日本やアフリカなど、非西欧地域の思想や学問が、ヨーロッパを包摂することによって、はじめて、より高次の普遍性に立つことができる、という考えである。こうした考えが、十九世紀末のイギリスに留学していた日本人の頭の中にあったことを、わたしは一つの驚異と見る。

これは、アジアでもアフリカでもラテン・アメリカでも、そしてヨーロッパでも、二十世紀の後半に、やっと台頭してきた自覚であるからだ。

（『地球志向の比較学』三三頁）

こうして、鶴見は南方の思想の跡を「地球志向の比較学」と位置づけ、柳田との比較において南方の持つ人間存在の本質へとまっすぐに向かう学問姿勢を評価した。二十歳での渡米以来、同時代の日本人の先頭を切るようにしてアメリカでの学問的挑戦を続けてきた鶴見の言葉として、この西洋との「対決をおそれぬ精神」という言い方は実に強烈である。その言葉は、一九四一年に日本の中央の学界とは隔絶した場所で没した南方の学問の可能性を、時代の制約に「縛られた巨人」として見る観点から解き放つ力を備えていた。南方熊楠の学問に対する根本的な態度の転換を促したという意味で、鶴見のこの議論はたしかに研究の歴史を変えたと言うことができるだろう。

南方熊楠独自の理論の発見

次に鶴見は、南方の学問に対する姿勢が「身についた実証主義」に基づいていることへと、論を進めていく。それまで、南方熊楠といえば、中央の学界から離れた紀伊半島の南端で、一日中裸で過ごして、日に二升の酒を飲みながら、世界的な仕事を成し遂げた奇人学者というイメージが流布していた。そこで、少数の例外を除いては、そのような独創的な知性を相手にするためには、こちらも無手勝流のやり方で解釈していくしかないのだという、一方的な思い込みに基づいた稚拙な南方論が多かった。(2)

しかし、こと近代的な学問という意味で言えば、南方はまず英語を初めとした外国語を身につけ、西洋の学問を幅広く吸収するという、ごくまっとうな道筋で研鑽を積んでいる。そして英国の学界で活動し始めてからも、文献探索と学術誌への投稿を中心とした、研究者としては、実にオーソドックスな手続きに依拠していた。鶴見が言うように、柳田国男の名人芸のような手法と比べると、南方はむしろ愚直なまでに学問的な正確さにこだわった学問姿勢を貫いた学者であると言うことができるのである。だから、その内容をきちんと分析するためには、こちらの側も実証的かつ科学的な、普通の思想研究によってやるしかないのだと、鶴見は説いた。

その上で、南方がロンドンで過ごした十九世紀末は、西洋の学界において生物進化論がさまざまな分野に影響を与えた時期であり、またその流れや反省の上に立って人類学や民俗学といった学問分野が勃興してきた変革期であった。そうした時代背景の中にあって、南方は生物の調査においても、民俗学の調査においても、実地の観察やフィールドに基づいた研究の方法を開拓しようとしていた。このあたりの鶴見の南方に対する評価には、カナダの日系移民や水俣病の調査の際に、現場に赴いてオーラル・ヒストリーによる直接の取材を導入した研究方法を模索していた、彼女自身の学問的な試行錯誤の過程が反映されていると言えるだろう。

さらに重要なことは、英語圏の学界の中での研鑽を通じて培っていった南方の方法を、鶴見が「問答形式の学問の展開」であると指摘したことである。実は、南方の思想の多くは書簡形式で相手とのやりとりの中で開陳されたものであり、また論文として発表された文章も、多くが雑誌上での議論の中で生み出されたものであった。特に、南方が生涯に三二三本もの英文論文を発表したロンドン発行の『ノーツ・アンド・クエリーズ』誌は、雑誌自体が各地のフォークロアに関する読者間の情報交換のために作られていた。

だから、南方の文章は、それだけを読んでも文脈がつかめない場合が多く、文通相手や雑誌上でのやりとりを再現していかないと、全体として彼が意図している構想を知ることができない。このような観点から、鶴見は南方の『ノーツ・アンド・クエリーズ』誌への英文での投稿のうち、ユダヤの結婚式でワイングラスが割られる習慣に対して、南方が紀州田辺でも同じように擂り鉢を割る習慣があることを論じた文章や、神々や聖霊、宗教的な存在が残したとされる足跡に関する世界各地の伝説を比較した「神跡考」などの例を挙げていく。それまで「雑学」として捉えられがちだった南方の議論を、西洋と東洋のはざまで苦闘した先駆的な学者の仕事として捉え直すためには、この「問答形式の学問」という鶴見の指摘が大きな意味を持っていたのである。

しかし、何と言っても『地球志向の比較学』における鶴見の論点の中で、読者をあっと驚かせたのは「南方曼陀羅」に関わる発見である。この時まで、南方が独自で切り開いた知的活動の跡には、彼の超人的な博学が示されてはいるものの、現代に通じる学問としての方法論が欠如して

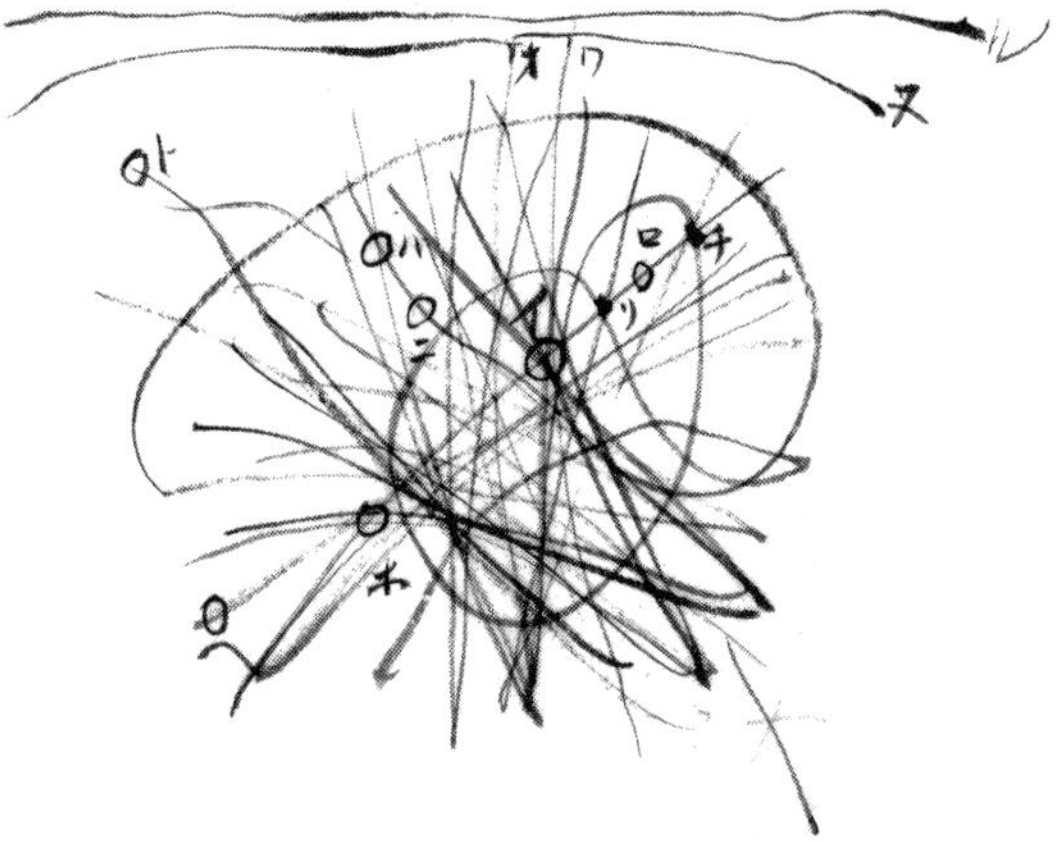

図版１　南方熊楠から土宜法龍宛の 1903年7月18日付の書簡に見られる図

いる、という見方が支配的であった。鶴見は、二十代後半のロンドン滞在期から、三十代前半の那智滞在期にいたる、南方の土宜法龍[3]宛の書簡を読み込むことで、南方には真言密教に基づいた独自の世界観と学問的方法論があったことを示そうとしたのである。

　南方は、ロンドンに滞在していた一八九三年に、高野山の真言僧でシカゴの万国宗教会議に出席した後にヨーロッパにやって来た土宜法龍と出会った。二人は意気投合し、土宜がパリのギメ博物館に移ってからもさかんに手紙でのやりとりを繰り返した。その後、南方の大英博物館での筆写作業や、『ネイチャー』への英文論文投稿が本格化するにつれて、文通はいったん途絶える。しかし、一九〇〇年に南方が帰国した後に再開され、特に一九〇一年末から一九〇四年にかけて、南方が植物採集のために那智山中に蟄居していた期間に、夥しい量の書簡が往復することとなった。

鶴見は、この那智時代の南方熊楠の書簡の中に、「小生の曼陀羅」という名前で示された世界観に着目した。土宜に教えられた真言密教のさまざまな教義の中から、南方が曼陀羅に関する部分を独自に解釈し直し、近代科学の目で再構成しようとしたことを、高く評価したのである。「この真言曼陀羅にヒントをえて、南方は曼陀羅を森羅万象の相関関係を図で示したもの、と解した。土宜法竜宛て書簡で森羅万象相関関係図を、次ページに示すごとき絵図（前頁**図版1**）に描いた」と鶴見は言う。そして、『地球志向の比較学』を執筆中に、日本における仏教学の権威である中村元にこの絵図を見せた際のことについて、次のように語っている。

この南方の絵図を、中村元博士にお目にかけたら、
「これは南方曼陀羅ですね」
と即座にずばりいわれた。そこで、わたしも、中村博士にならって、これを「南方曼陀羅」と呼ぶこととする。曼陀羅、今日の科学用語でいえば、モデルである。南方曼陀羅は、南方の世界観を、絵図として示したものなのである。

（『地球志向の比較学』八二〜八四頁）

「南方曼陀羅」という言葉は、この時初めて、鶴見によって明らかにされたものであった。本文中では、中村に敬意を表した記述になっているが、この殴り書きのような絵図を科学的なモデ

ルと読み替えて、南方思想の中核に初めて踏み込んだことは、明らかに鶴見の大きな功績だったと言えるだろう。南方熊楠という人物は、伊達や酔狂で「世界的学者」を自称していたのではなく、十九世紀末から二十世紀初頭の科学思想の流れを正確に読み取り、本当の意味で人類の知的枠組みそのものを変えようとしていたのだ、という驚くべき事実を、鶴見はずばりと指摘したのであった。

その後の研究からは、南方自身が「小生の曼陀羅」と呼んでいたのは、この絵図だけではなく、この前後の日付の書簡も合わせた幅広い独自思想の説明の総体であったことがわかってきている。また、後述するように、二〇〇四年に京都高山寺から、この前後の時期の新たな土宜宛の南方の書簡が発見されるといった出来事もあった。こうした経緯を受けて、鶴見が示した南方曼陀羅に対する見方も、今日の時点で、多かれ少なかれ修正を迫られてきていることはたしかである。しかし、そもそも、そうした真言密教に基づく南方思想の研究という流れを作ったのが、『地球志向の比較学』における鶴見の発見であったことは、否定できない歴史的事実である。鶴見がいなければ、こうした世界の思想史における南方熊楠の重要性についての研究は、まったく進まなかったとまでは言えないものの、長く世間的な理解を得られることなく、大きく遅れることになっていただろう。

鶴見はまた、南方の世界観のよって立つところとして、こうした真言密教だけでなく、彼の粘菌研究にも目を向けている。南方の生物研究の中心は、当時隠花植物と呼ばれていた花の咲かない植物であったが、その中でも粘菌は特に重要な位置を占めていた。粘菌（変形菌）は、アメーバのように森の中を這い回る変形体と呼ばれる相と、小さなキノコのように胞子を作る子実体と呼ばれる相を繰り返す不思議な生きものである。時に、動物と植物の中間として捉えられたこの粘菌の生態は、南方を魅了した。生命の原点を探るために、この粘菌は格好の観察対象となるという構想を南方は持っていた。そのことの持つ重要性に関しても、鶴見が指摘するまでは、十分に理解されてはいなかった。

さらに鶴見は、南方にとって粘菌のような対象を観察することは、精神的な崩壊から自分を守る手段であったともしている。「粘菌を含む博物研究が、南方にとって爆発し、分裂し、解体しそうになる自我を統一し、自己同一性を保持するための有効な作業であった」のである。こうして鶴見は、粘菌や、その他の森羅万象に向けた南方の好奇心は、一種の「遊び」であったという観点を示す。

粘菌研究は、それによってかろうじて自己同一性を保ちえたという意味で、南方熊楠の存在の原点であった。それはまた、南方の学問の原点であったといえる。粘菌研究は、南方にとって、全くなんの生活の糧をももたらさなかった。むしろ出費であったろう。精力の消耗という点でも、また金銭的にも。その意味で、粘菌学は南方の職業ではなく、むしろ遊びであった。しかし、その遊びなしには、南方は人間として成り立ちえなかった。

（『地球志向の比較学』七九頁）

南方にとって、学問とは「それがおもしろくてたまらないから調べる、という知的好奇心を原動力とした」ものであったと、鶴見は言う。この時の鶴見の筆には、ほとんど南方の魂が乗り移っているかのような躍動感がある。つまり、鶴見自身もまた、「おもしろくてたまらないから」南方のことを調べ、南方のことを書いているのである。そうして、その面白さは、鶴見自身の興奮とともに、読者にダイレクトに伝わってくる。一九七八年に完成したこの本の中での鶴見の南方との出会いは、そのように他に類を見ないほどに幸福なものであったと言うことができるだろう。

鶴見和子にとっての南方熊楠研究

こうして『地球志向の比較学』における鶴見の論は、それまでの南方観を打ち壊し、未来に向けて新たな像を切り開くという華々しい成果を挙げた。では一体、一九七八年という時期に、このような画期的な研究書が成立した要因はどこにあったのだろうか。

まず鶴見の側の事情から考えてみると、彼女がそれまでの研究生活の中で、独力で切り開こうとしていたさまざまな試みが、南方熊楠という対象を得て、ぴたりと像を結んだということになるだろう。戦前・戦中を生きた日本人としての自負心や、アメリカを中心として社会学の分野で受けて来たトレーニングの重要性とそれに対するいくぶんの懐疑、人びとの生の声を中心とした生きた学問を創成したいという抱負、水俣でのフィールドワークを通じて感じていた環境問題の重要性など、彼女が学問人生の中で感じてきたであろう問題意識のすべてが、『地球志向の比較学』には織り込まれている。「内発的発展論」という名前で構想していた独自の社会学のあり方を先取りするような存在を、南方熊楠の中に見たと言ってもよいかもしれない。

　鶴見和子は、一九一八年六月十日に東京で生まれた。父の鶴見祐輔は、東京帝国大学で恩賜の銀時計を拝受した秀才で、鉄道院入省以降、官僚として活躍し、政治家に転身して一九二八年には衆議院議員に当選していた。太平洋問題調査会日本支部の中心人物として活躍し、アメリカを中心とする世界各地を飛び回って、さまざまな国際会議に出席する日々を送った。そうした場において、祐輔は常に得意の英語を駆使して日本の立場や文化を伝えた。一九三〇年代に入って緊迫度を増す世界情勢の中で、民間交流による融和を図ったその姿勢は、現在では「広報外交の先駆者」として評価されている。(4) 一方、和子の母方の祖父は、後藤新平である。台湾総督府民政長官、満鉄初代総裁などを歴任し、内務大臣、外務大臣も務めた大物官僚・政治家で、明治後半から大正期の日本とその植民地政策を支えた歴史上の重要人物であった。

　こうした開明的な一族の長女として誕生した和子は、幼い頃から英語を学ぶとともに、日本舞踊や和歌の素養を身につけた。一九三八年の国民使節としての父の渡米にともなって二十歳で世界青年会議にオブザーバーとして出席。一九三九年に津田英学塾を卒業した後、弟の俊輔とともにアメリカに留学し、一九四一年には早くもヴァッサー大学で哲学修士号を取得し、コロンビア大学の博士課程に進んだ。そこで、真珠湾攻撃から日米開戦となり、米国務省から帰国か否かの選択を二十四時間以内に迫られた和子は、「帰る」、「帰らぬ」、「帰る」と三回考えを変える電報を打ったという(5)。結局、シンガポールまで日米交換船で移動し、そこで日本側に引き渡されて帰国している。

戦後は、一九四六年に早くも丸山真男や弟の俊輔らとともに『思想の科学』を創刊し、月一回の研究会を続けた。敗戦から何を学ぶかということを標語として掲げたこの思想の科学研究会は、紆余曲折を経て一九九六年まで継続され、鶴見和子の学問活動の拠点ともなった。また、一九四七年には父の転居にともなって柳田国男邸の真向かいに住むことになり、これ以降、柳田とは直接の交流を持った。鶴見は柳田の民俗学に、日本人の独自の学問としての可能性を見出し、一九七五年には英文で“Yanagita Kunio's work as a model of endogenous development”(「内発的発展論のモデルとしての柳田国男の仕事」)と題する論文を発表している。さらに、一九五一年に無着成恭編『山びこ学校』を読んで「生活綴方」運動に共感したことから、翌年、この運動の主宰者であった国分一太郎と後藤彦十郎の訪問を受けた。以後、鶴見は生活記録運動に参加し、子どもだけでなく、大人が自己史を綴ることの重要性を説くようになる。

この頃の鶴見の活動の中心は、一つには人びとの生の声をどのように記録し、学問活動へとつなげていくかという点にあったと考えてよいだろう。たとえば、一九五〇年の思想の科学主催の農村総合調査で、神奈川県鶴川村に赴いたのを皮切りに、一九五一年には京都府綾部の郡是工場、長野県下伊那郡鼎村、大日本紡績の工場、長野県下諏訪などを飛び回っている。柳田の民俗学からは、こうした地方でのフィールドワークによる聞き取り調査を学び、生活綴方運動からは、地域の人びとが自分たちの手で自己史を記録することを促す手法を学んだと言うことができるだろう。対象を観察者とは切り離されたものとすることによって科学性を担保する従来の社会学の方法から、対象とされる人びとみずからが語る歴史を重視し、また現在の時点においてその語りを促すという方向へのパラダイム転換を、鶴見は企図していたのであった。そうした独自の社会学のあり方のヴィジョンを、鶴見は「内発的発展論」という言葉で呼ぶことになる。

こうして日本における知識人としての旺盛な活動を経た後で、鶴見は戦争で中断したアメリカでの学問過程を再開する機会を得ることになる。一九六〇年に来日したプリンストン大学のマリオン・リーヴィと懇意になった鶴見は、二年後に同大学社会学部大学院に入学。プリンストンでは初めて大学院生として受け入れる八人の女性の中の一人であったという[6]。その後、リーヴィに師事して社会学博士資格試験に首席で合格。一九六六年に博士論文を提出し、学位を得た。"Social change and the individual: Japan before and after defeat in World War II"（「社会変動と個人――第二次大戦敗戦以前以後の日本」）と題するこの論文は、戦後に処罰されたBC級戦犯の遺書などを読み解くことで、戦争下の日本人の心性の変遷をたどるものであった。それは、同じ時期にアメリカと日本のはざまで生きた鶴見自身の自己史を問う試みでもあったのだろう。

アメリカから戻った鶴見は、一九六九年に上智大学教授に就任する。同大学の国際関係所で「近代化論再検討研究会」という研究プロジェクトを立ち上げ、社会理論の構築を目指した。南方熊楠と出会ったのは、その直後のことである。前述のように、一九七一年に『南方熊楠全集』の書評を書き、翌年に解説「地球志向の比較学――その方法と実践」を書くことで、南方熊楠に対する関心を深めていくことになるのだが、一九七三年九月から翌年六月まではカナダのトロント大学社会学部で客員教授として講義をしたり、メキシコのエル・コレヒオ・デ・メヒコで集中講義をおこなったりと、忙しい日々を送っていたようである。

このように数十年の切磋琢磨を通して独自の社会学研究の方法を築き上げてきた鶴見であるが、みずからの方法論については、当時、おそらくいくつかの大きな疑問点を抱えていたのではないかと考えられる。一つは、「内発的発展という考えを私が持つようになりましたのは柳田先生のおかげ」(『鶴見和子曼荼羅Ⅳ』土の巻、二八一頁)とまで記しながら、それでも柳田国男の民俗学に感じていただろう違和感である。「柳田はいつ、どういう本を読んだか、そしてその本のことはここに出ているということを私たちが調べない限り、わからないのです。それがかくし味なのです。柳田はかくし味の名人です」(前掲書、四三九頁)と書く時、言葉を選びながらも鶴見は柳田の学問に、西洋的なリジッドな論理の整合性を求め得ぬことを指摘していると考えられる。

一方、師のリーヴィに代表されるような欧米の社会学にも、鶴見は不満を抱いていた。内発的発展論を考え始めたきっかけについて、鶴見は「私はアメリカのプリンストン大学でマリオン・

リーヴィ教授のもとで、近代化論を学んでまいりました。その近代化論だけではすくい上げられないものがあるということを、その後考えるようになりました」と、西欧主導による近代化論への対抗意識があることを明示している。西欧社会は内発的な近代化を遂げたが非西欧社会のすべては外発的発展である、という考え方に対して、「それに対して私たちは疑問を抱いたわけです」と、鶴見ははっきりと否定する。そして欧米の近代化も、それ以前の文明に触発されて始まったものであり、「それだったら私たちだって、私たち自身が近代化以前に持っていた伝統はあるわけです。……非西欧社会においてもやはり内発性というものがあるのではないか、と考えます」（前掲書、二七八頁）と宣言するのである。

西欧のみが内発的な近代化を遂げたというこの根強い謬見に対して、柳田のように韜晦することなく、真正面から反論してくれる心強い存在として、鶴見は南方熊楠を発見した。そこで、『地球志向の比較学』の冒頭に述べたような、「対決をおそれぬ精神」という南方観と、それに対する高い評価が鶴見の中で像を結ぶことになったわけである。鶴見が南方に会ってから『地球志向の比較学』が書かれるまでの期間は六、七年のことであるが、ある意味で、そこに至るまでの数十年をかけて、鶴見は南方熊楠という対象に出会うための長い道のりを経てきたと言うことができるだろう。

さらに、南方熊楠と出会った時期が鶴見にとって絶妙だったのは、石牟礼道子から依頼されて参加した水俣病調査と重なったことである。一九七六年一月に鶴見は水俣を訪れ、その後「近代化論再検討研究会」が中心となって不知火海総合学術調査団が組織されて、水俣での本格的な調査を開始する。しかし、苦しむ患者たちを前にして、学者が集まってきて調査するといっても、何を調査できるのかという無力感から、調査団のメンバーたちは夜ごと激論を闘わせたという。その一方で、外部からの介入ではなく、患者たちと地元でそれを支援する人たちの「内発的」な努力こそが、地域の再生をなし得るのだという確信も、鶴見の中では大きなものとなっていった。

二十世紀初めの紀伊半島にあって、神社合祀反対運動というかたちで地域の環境保全に努めようとした南方熊楠への圧倒的な共感は、こうした鶴見の水俣体験から生まれたものであった。『地球志向の比較学』の後半には、生態系を研究するエコロジーを標榜し、神社の統廃合による森林伐採をやめさせようとした南方の行動が活写されている。南方のこの運動を「エコロジーの立場に立つ公害反対」と呼び、高度成長期の日本の公害問題と結びつけた議論はやや性急なところはあるものの、この時期の鶴見の水俣での苦闘を考えれば無理からぬところがある。鶴見自身、「南方熊楠への関心もふくめて、その後のわたしのすべての仕事の原点となったのが、水俣体験である」(『鶴見和子曼荼羅Ⅵ』魂の巻、四〇六頁)としている。

こうした経緯を踏まえて、鶴見は『地球志向の比較学』で、神社合祀反対運動を南方の活動の「萃点《すいてん》」として評価するのである。この本の最後の結論部分において、鶴見は南方熊楠の思想が現代において持つ最大の可能性を「地球は一つ、されど己が棲むところにおいてそれを捉えよ」という言葉に集約している。

南方が、神社合併反対意見書において力説し、日々の行動によって実践したのは、自然の破壊は人間の破壊につながるという原理であり、自然の破壊がおこるとき、自分の棲んでいるその場所で、ただちにそれをくいとめる動きをせよ、という行動原則であった。

南方は、粘菌研究において、また民俗の比較において、地球は一つである、ということを示した。それだけでなく、自分の棲むところで、その地球をとらえることを、神社合祀反対の実践をもって示したのである。

（『地球志向の比較学』二三九〜二四〇頁）

南方の神社合祀反対運動への関わり方を子細に見ていくと、鶴見のような「公害反対」というとらえ方では説明できない部分も多く、本書後半の座談会で登場する田村義也や、後述する畔上直樹の批判のような見方も成り立つ。しかし、南方を現代によみがえらせる、という観点から見るのであれば、鶴見の指摘が大きなインパクトを与えたことは事実である。そこには、「私が水俣に行ったのと南方熊楠にくいついたのと、ほとんど同じころでしたね。それが私の生涯の幸運な偶然のめぐりあわせなのよ」（『南方熊楠・萃点の思想』一四三頁）という鶴見の中での内的な思想の展開が、大きく作用していたのであった。

南方熊楠研究にとっての鶴見和子

では今度は、鶴見和子の『地球志向の比較学』のような研究書が現れた要因を、南方熊楠の研究史の方から考えてみることにしよう。

南方熊楠は一八六七年に和歌山で生まれた。幼い頃から博物学に親しみ、『本草綱目』や『和漢三才図会』を始めとする東アジアの百科全書的な知識を吸収。十六歳で上京し、東京大学予備門に入学して、同年輩の夏目漱石、正岡子規、秋山真之らとともに学んだ。しかし、十九歳で中退してアメリカに向かい、ミシガン、フロリダからキューバにまで渡りながら、独学で西洋思想と近代科学を学ぶ。二十五歳でロンドンに移ってからは、大英博物館で「ロンドン抜書」と呼ばれる旅行書・人類学書の筆写をおこなうかたわら、『ネイチャー』『ノーツ・アンド・クエリーズ』というロンドン発行の二つの雑誌への英文論文の発表を続けた。

三十三歳で帰国してからは、那智山中に籠って隠花植物を中心とした森林と海岸の生態調査を敢行。三十七歳で田辺に定住し、中世以来の伝統を持つ闘鶏神社の宮司の娘、松枝と結婚して、熊弥・文枝の一男一女をもうけた。神社合祀反対運動の際には、合祀推進派の集会に乱入して逮捕され、二週間の拘留生活を経験してもいる。後半生はもっぱら田辺での植物採集と民俗学研究に没頭した。『太陽』に十年間かけて連載した「十二支考」をはじめ、さまざまな雑誌に論文を送っているが、生前に刊行された書籍は『南方閑話』『南方随筆』『続南方随筆』の三冊のみである。

このように、日本において大学などの研究機関に所属しなかった南方熊楠の学問的成果は、他の大学者のように弟子に受け継がれて学統を形成することがなかった。蔵書やノート、日記、標本などからなる夥しい資料は、南方の没後、田辺の旧邸の蔵の中に残され、妻の松枝、後に娘の文枝によって大切に保存された。南方の資料は量的に膨大な上、自然科学から社会科学・人文学の多分野にわたり、言語も和漢の書籍から英語・フランス語・イタリア語・スペイン語・ドイツ語・ラテン語・ロシア語などと多彩である。細字で記された肉筆は独特のくずし方の読みにくいもので、暗号のような記述に出くわすことも多い。資料の調査がなかなか進まなかったのも無理はないところであろう。

それでも、戦後すぐに柳田国男や澁澤敬三の肝いりで発足したミナカタ・ソサエティによって、資料の読解が試みられてはいる。一九五〇年には乾元社から『南方熊楠全集』が刊行され、南方が生前に雑誌に発表した論文を中心として十二巻がまとめられた。だが、前述のように南方の思想の重要な部分は、むしろ私信でのやりとりの中に示されているため、この時の「全集」という言葉は名ばかりのものであった。その後、地元の弟子であった雑賀貞次郎や、戦後に文枝と結婚した岡本清造の手によってある程度の整理がおこなわれ、一九六五年に白浜町に南方熊楠記念館が開館したが、「中央」の学界からは正当な評価を得られない状況が長く続く。

そうした状況が変わるきっかけとなったのが、一九七一年から七五年にかけて平凡社から刊行された新しい『南方熊楠全集』であった。この全集では、乾元社版では白文であった漢文を読み下し、新字新仮名遣いとするなど、難読な南方の文章を読みやすくするための工夫がなされていた。内容的には、乾元社版で収録された「十二支考」を中心とする雑誌論考の他に、土宜法龍、柳田国男、岩田準一、上松蓊などに宛てた重要な書簡に関しても、かなりの拡充が図られた。また、英文論文がほぼすべて原文のまま収録されるとともに、一八九二年から一九〇〇年までのロンドン滞在記の日記が翻刻され、南方の英国での知的格闘の跡が詳しくたどれるようになっていた。

鶴見和子が南方熊楠研究に関わるようになったのは、まさにこの平凡社版全集の出現によってであった。全集が刊行され始めた一九七一年六月には、早くも「うちなる原始人を発見」と題する書評（本書七一頁参照）を『週刊言論』誌に掲載し、神社合祀反対運動に関する南方の姿勢を評価している。これに注目したのが、平凡社の編集者として『南方熊楠全集』の刊行を進めていた長谷川興蔵である。長谷川は、全集の編纂だけでなく、南方研究の将来を見越しての人脈作りも企図しており、さまざまな研究者にネットワークを作っていた。長谷川は鶴見の書評を読んだ後、一九七二年一月に鶴見の研究室を訪れ、『南方熊楠全集』第四巻の解説の執筆を依頼することになったようである。

こうして一九七二年七月に刊行された全集の第四巻には、鶴見の解説が「地球志向の比較学——その方法と実践」として載せられることになった。この解説は、一〇ページ程度の短いものではあるが、「一 「地球社会学」の伝統」「二 比較の方法」「三 神社合祀反対運動」と章立てされており、南方と同時代の西洋思想、南方の英文論文における比較説話学の方法、神社合祀における環境保全の姿勢に関して論じられている。どの部分を取っても、六年後に刊行される『南方熊楠——地球志向の比較学』の原型的なものとなっており、すでにこの時から南方を再評価するための枠組みを、鶴見は設定しつつあったと言うことができるだろう。

その後、講談社で民俗学の先駆者たちをテーマとした全十二巻の「日本民俗文化大系」を編纂する際に、宮本常一と上田正昭の推薦によって、南方熊楠の巻は鶴見が担当することとなった。このことを鶴見がいつ知らされ、執筆について合意したのか、正確なところはわからない。しかし、現在、京都文教大学に収蔵された鶴見和子文庫には、一九七六年初め頃から鶴見が旺盛に南方熊楠関連の資料を収集した跡が残されている。

中でも興味深いのは、一九七六年二月十三日付の『朝日新聞』に掲載された、澁澤龍彦の「悦ばしき知恵　あるいは南方熊楠について」という記事である。鶴見は蔵書に傍線やアンダーラインを書き込みながら読書するタイプであったようだが、この澁澤の記事には途中から数多くの赤い傍線が引かれている。それを見ると、決して長くはないこの澁澤の南方論が、『地球志向の比較学』を構想中であった鶴見に与えた影響の大きさが推測できる（**図版2**）。

鶴見の傍線を追いながら、この澁澤の論をたどってみよう。まず南方のロンドンでの生活は「漱石とは正反対」であり、大英博物館で「毛唐一人ぶちのめす」というような「無責任で自由に」展開されたものであった。「明治の日本人が西洋文明と直面した場合に、必ずと言っていいほど

図版2　京都文教大学鶴見和子文庫中のスクラップに見られる澁澤龍彦「悦ばしき知恵　あるいは南方熊楠について」。鶴見によると思われる多くの傍線が見られる。

感じなければならなかったある種の根ぶかいコンプレックスから、南方熊楠は完全に免れていた」と、澁澤は言う。そして「この晴れやかな態度、晴れやかな思想はどこから出てきたのか」と問いかけている。

その答えを、澁澤は「南方が生涯を通じて、自分の立場を国家やアカデミーなどのそれと、一度も結びつけて考えたことがなかったという点」に見出す。「簡単に言えば、彼にはインテリの自覚が欠けていたのである。無責任だったのである」。澁澤はこうした南方の態度からは、ニーチェによる「**gai savoir**（悦ばしき知恵）」が思いだされるとする。そして、そのような学問姿勢に対する評価を、次のように締めくくっている。

学問や知恵とは、苦しみながら摂取するものではなく、むしろ楽しく悦ばしき含蓄をもつものであるべきことを、ニーチェはこの言葉によって暗示したのであろう。南方熊楠は生まれながらにして、この「悦ばしき知恵」の体得者であったように思われる。明治時代という時代的な限定を離れても、この態度はなお、私たちの規範とするに足りるだろう。(7)

ここに現れている「悦ばしき知恵」という学問観は、澁澤龍彦自身が生涯目指したものであったと考えられる。鶴見和子もまた、この澁澤の論につよく惹かれた。そしてこの澁澤の言葉は、『地球志向の比較学』で前面に打ち出された「あそびとしての学問」という考え方へと、反響していくことになると考えられるのである。

さらに、水俣での調査から帰ったばかりの一九七六年五月三十一日に、鶴見は講談社の編集者二名とともに、南方熊楠の女婿の岡本清造と会い、さまざまな助言を受けている。岡本は、専門としては漁業経済学の研究者であるが、義父の南方熊楠の資料整理と研究を独自に進め、白浜の記念館開館にこぎつけた人物である。岡本はこの時七十歳で、長年勤めた日本大学教授をすでに退職し、熊楠の長女で妻の文枝とともに東京で暮らしていた。岡本が講談社の編集者に託した手紙には、留守宅にあたる田辺の南方邸を訪ねる際に会うべき人物などが細かに記されており、鶴見の研究に大いに期待していたことがわかる。

そして六月八日に、鶴見は田辺と白浜に赴いて、南方熊楠記念館と旧邸を視察することになる。まず白浜を訪れた鶴見は、生活綴方運動以来の知人で、白浜駅前でたばこ屋を営む服部たつえと再会。翌日、記念館の開館に尽力した浦政吉と会って懇談した。この日の鶴見の行動については、地元新聞の『紀伊民報』が六月八日付の紙面で「南方熊楠翁を取材　上智大学教授・鶴見和子」という記事を載せて、大々的に紹介している（次頁**図版3**）。それによると、鶴見は南方熊楠記念館を訪れた後、浜辺から神島を見て、田辺に移動してまず南方の墓参りをした。その後、南方熊楠邸を訪ねて、南方の生前を知る野口利太郎、紀伊民報社の社主小山周一らと歓談した。この時鶴見は、「南方翁についてなじみは薄いが、南方熊楠全集を読んで、引きつけられた。日常生活や土地の人がどう評価しているのか一から十まで知りたい」と述べたという。

熊楠翁を取材

鶴見和子・上智大教授

【野口さん（右上）らの話を聞く鶴見教授（中央）】

交通事故に

損害賠償

図版3　1976年6月8日付の『紀伊民報』一面の記事

しかし、次の年、一九七七年には、鶴見は春からハーヴァード大学で講演した後、オンタリオ州の先住民居住区での湖の汚染問題への取り組みを視察、さらにバリ島に飛んで太平洋学術会議主催の「適正技術」の会議に出て、その直後の八月には水俣合宿に参加するなど、忙しい毎日を送っていた。そのような事情を反映してか、翌一九七八年二月二十八日付の講談社編集部からの手紙には、二百五十枚の書き下ろしの予定がまだ百枚しか出来ていないことが記されている。実際には書籍は九月には刊行されて書店に並ぶことになるのだから、この後三カ月程度でかなりの枚数を書き足したのだろう。こうして、現在の目から見ればほとんど研究史上の奇跡とさえ感じられる『南方熊楠――地球志向の比較学』は日の目を見ることになったのであった。

『地球志向の比較学』以降の鶴見和子の南方研究

『地球志向の比較学』は刊行の翌年に毎日出版文化賞を受賞、さらに二年後の一九八〇年には早くも講談社学術文庫の一冊に収められ、広範な読者を獲得していった。この本の刊行後、当然のことながら、鶴見は南方に関してさまざまな研究会や講演、雑誌、対談などの場で言及するようになった。また、主に国際会議での発表と上智大学国際関係研究所の紀要を組み合わせるかたちで、英語での南方熊楠論の発表に関しても精力的に進めた。トピックとしては、神社合祀反対運動と南方曼陀羅に関する論が多く、こうしたテーマに関して『地球志向の比較学』の着想をさらに深めて、他の学問分野と架橋していこうとする意図を見ることができる。

まず、一九七九年三月には、ヴァージニア大学での公開講座としておこなった「近代日本の内発的発展の諸相」(8)の中で、第二部に「国家神道対民間神道」という題で、南方の神社合祀反対運動が、宗教の政治化を企図した国家神道と、それに対抗するアニミズムに基づいた社叢林の保護のよりどころとしての民間神道との対立であったという観点を打ち出している。また第三部の「人、自然、技術――南方熊楠の場合」は、より総合的に南方の紹介を英語で試みた早い例である。

こうした英語での議論は、一九七九年九月の日本アジア協会で発表された英文の「日本人の創造性――柳田国男と南方熊楠」(9)にも受け継がれている。

さらに一九八〇年の『ジュリスト』誌に掲載された「自治思想の系譜」では、神社合祀反対運動において南方が地域の自治を重視したという論を展開する。この論文はまた、当時吉川壽洋によって解読が進みつつあった南方熊楠の古田幸吉に宛てた合祀関係の書簡を援用しており、鶴見が南方関係の新たな資料の発掘の必要性を認識していたことがよくわかる。

一方、『地球志向の比較学』以降、南方曼陀羅に関して最初に本格的に論じているのは、一九八一年七月の日本記号学会で発表した「創造の方法としての南方曼陀羅」(10)である。この中で鶴見は、精神分析学者のシルヴァノ・アリエティの提唱する形式論理学と古代論理(パレオ・ロジック)を対比させる手法を用いて、南方曼陀羅の再解釈をおこなおうと試みている。

私が『南方熊楠』(『地球志向の比較学』のこと)を書く前に、このアリエティの本を読んでいたら、もっと違った書き方ができたんじゃないかと思ったのです。アリエティは、創造性を今までまったくつながりのなかった事物のあいだに、つながりを発見することと定義しています。これは曼陀羅の妙法につながります。アリエティは、自然科学をはじめ、芸術、社会科学、哲学などの領域における創造的人物の創造的瞬間の精神分析をしていますが、創造的瞬間に表われるのは、異質な二つのものの結びつきであると言うのです。

（『鶴見和子曼荼羅Ⅴ』水の巻、二八九頁）

形式論理が異化を強調するのに対して、古代論理は同化を強調する。西洋の社会科学は、明晰な論理によって対象を仕分けていく形式論理に傾きがちなのに対して、南方は真言密教を用いた曼陀羅論によって、古代論理を重視したというのが鶴見の見取り図であった。このための説明として、鶴見は「南方曼陀羅は、一四年間アメリカとイギリスで独学し生活した南方が、そこにどっぷりつかっていた十九世紀末の輝かしい西欧学問の呪縛から自らを解放するために、自ら構築したよりしろでもありました」という興味深いイメージを示そうとしている。

『地球志向の比較学』以降の鶴見は、南方曼陀羅について英語で論じる必要を強く感じており、国際会議での発表や英文論文の中で、何度か紹介を試みている。しかし、この作業は鶴見にとってもなかなかたいへんなものだったようで、最終的に本人が英語における決定版と考えたのは、一九九五年八月に国連大学・ユネスコ本部共催のシンポジウム「科学と文化」で発表し、上智大学国際関係センターのリサーチ・ペーパーとして刊行した「南方曼陀羅――未来のパラダイム転換に向けて」[11]だった。『地球志向の比較学』の出版からは十七年の歳月を要したわけである。この英文論文の結論として、鶴見は次のように述べている。

以上に述べたことをまとめると、第一に南方の創造性の原点は異文化間の対決、古代仏教と近代西欧科学との対立を彼独自の方法で、統合しようとしたことである。第二に、南方が生命の原初形態と考えていた粘菌の観察から洞察力を得た。第三に、南方は科学における発見の過程において夢および無意識の働きが重要であることを認識していた（第三についてはガストン・バシュラール〔一八八四―一九六二〕『火の精神分析』〔一九三八〕を参照）。

（『鶴見和子曼荼羅Ⅸ』環の巻、一二三頁）

こうした学術的な発表と並行して、鶴見は『地球志向の比較学』執筆時にはかならずしも十分ではなかった熊楠の資料と足跡に関する調査への関心を深めている。一九八一年五月には、NHKによるテレビ番組「人物評伝　南方熊楠」の撮影のために、はじめて南方熊楠邸内の書庫に入り、資料を閲覧した。南方が一九二九年に昭和天皇へのご進講をおこない、その後天然記念物に指定させて保護した田辺湾の神島にはじめて渡ったのも、この時のことである。

また上智大学を定年退職した翌年の一九九〇年には、八月に那智を訪れ、南方がキノコや藻類、粘菌などの隠花植物を採集した森林を散策した。この時のことを記録したノートが、京都文教大学の鶴見和子文庫に残されているが（本書巻末「鶴見和子　熊野行ノート」参照）、植物学者の中嶌章和と同行したこともあってか、動植物の記載が目立つものとなっている。「山姥の髪」と呼ばれるナラタケの菌糸束を見つけて喜んでいるような部分もある。この時鶴見は七十二歳ながら、百三十メートル以上あり有名な那智一の滝の頂上からさらに奥に分け入ったところにある二の滝、三の滝までの険しい山道を踏破して、意気軒昂なところを見せている。

一九九一年は、南方熊楠の没後五十周年にあたるのだが、この頃から「南方ブーム」と呼ばれる世間的な南方への注目が一気に広がっていく。鶴見は、雑誌『推進者』に一年間かけて「転換期の巨人・南方熊楠」を連載[12]し、『地球志向の比較学』以降の資料発見などの研究の進展に対応した南方論を試みている。また、田辺市では南方熊楠賞を開設し、鶴見は第一回の選考委員となった。だが、すぐにその職を離れ、一九九五年の第五回南方熊楠賞を受賞することになる。四月二十二日の授賞式に出席し、前述の南方曼陀羅に関する英文での論文の元になるような記念講演を、「南方熊楠　世紀の変わり目の思想家——曼陀羅からカオスへ」という題でおこなった。この日は、午前中に南方熊楠邸で書庫を閲覧し、市内の高山寺で南方熊楠の墓を訪れてから、会場に向かうというスケジュールであった。

しかし七十七歳の喜寿にして、懸案の南方曼陀羅に関する英文論文を仕上げ、南方熊楠賞という栄誉を手にしたこの年の暮れ、鶴見和子の生涯を暗転させるできごとが起こった。十二月二十四日の午後四時頃、不意に左の唇にしびれを感じ、敷物の上に倒れて動けなくなり死の淵をさまよったのである。運良く、家事手伝いの方に発見されて主治医がかけつけ、脳出血によるものと診断されて処置を受けた。結局、左半身に麻痺が残ったものの、言語・認識中枢には障害を受けることはなかった。

2　鶴見和子の熊楠研究の到達点

筆者と鶴見和子との出会い

さて、このあたりから、話は筆者の個人的な記憶と関わってくる。一九六四年に生まれた私は、鶴見和子とは四十六年の年齢の開きがある。しかし、さいわいにも、鶴見の晩年に十数年にわたって交流する機会を得た。鶴見の仕事に触発されて南方熊楠の研究に携わることになり、制度的な師弟関係ではないものの、さまざまな点で教えを受けたと考えている。後述するように、鶴見との対談を刊行することができたし、また本書に収録する長時間の座談会の中で、南方に対する考え方を直接に聞くこともできた。

私が、最初に鶴見和子のことを知ったのは、二十代の前半、たぶん一九八七年の冬のことである。当時、学部から大学院に入ろうとしていた私は、修士課程での研究の題材探しということもあって、いろいろな本にあたりをつけて物色していた。そんな時、たまたま書店の棚から取り出した一冊の文庫本の表紙に、『南方熊楠——地球志向の比較学』という題を見つけた。三百ページくらいの手頃な厚さで、掌にここちよく収まったことをよく覚えている。

私にとって、それは生涯の大事件で、その後の研究人生はまさにそこから始まることとなった。読み始めたとたんに、もうその本に夢中になっていた。そして何度も何度も読み返し、付箋を貼り付けながら、私はまず鶴見が『地球志向の比較学』の中で分析している『ネイチャー』や『ノーツ・アンド・クエリーズ』の関連記事を、一つずつ、薄暗い大学図書館の書庫で探り当てていくことから自分の研究を始めた。そうすることによって、鶴見の方法が学問的にきわめてオーソドックスで確実なやり方に従っていることを確認することができた。そして、そのような実証的な方法によって南方の学問を再現することに、自分でも手応えを感じていったのだった

さいわい、一九八九年暮れに提出した修士論文は高い評価を得て、研究室の先生方に紹介していただいて、一九九一年七月には朝日選書の一冊として『南方熊楠——一切智の夢』を上梓することができた。書き始めた時には、鶴見の研究を乗り越えられないのではないかという気持ちも強かったのだが、一九九〇年に南方熊楠邸の書庫で集中的に調査をおこなう機会があり、その他にもさまざまな発見があって、独自の研究としてまとめることができた。現在思い返してみて、二十七歳の時にそのような研究を本にすることができたのはたいへん幸運なことであったし、そうした方向に導いてくれた鶴見の『地球志向の比較学』への感謝の念も強い。

この本の執筆の過程で見つかった資料の紹介をいくつかの雑誌に載せたことがきっかけで、長

谷川興蔵氏との交流が始まった。その頃、長谷川氏は平凡社を定年退職し、八坂書房に移って南方熊楠関連の書籍を精力的に出版していた。そして、同社から一九九一年に刊行され、鶴見和子も編集として名前を連ねる『熊楠漫筆』に、南方関連の英文の新資料に関して、私の名前で発表させてくれた。そして、一九九二年の初め頃に、私は長谷川氏に連れられて、その頃練馬に居を構えていた鶴見和子の自宅を訪れることとなった。私の気持ちとしては、このあたりからは、「鶴見」と呼び捨てではなく、「鶴見先生」という呼称を使って敬語で書きたいところなのだが、あくまで歴史的な人物としての鶴見和子を記述するという意味で、ここまでと同じような調子で書いていきたい。

私たちが訪ねた時、鶴見は一階の応接室兼作業室のようなところで、大きな机に中央アジアの地図を広げていた。ロンドンにいた若き日の南方が、一八九三年頃に土宜法龍とともにチベットに行く計画を立てたことはよく知られているが、それから少し後の一八九八年頃からチベット入りに挑戦し、一九〇三年に消息を絶った能海寛という島根県の僧侶がおり、鶴見は彼のことを調べているのだと、その時話してくれた。能海については、やはり南方との類似性から私も関心を持っていたので、彼が消息を絶った場所についてなどの談義がはずむこととなった。

それから、話題は私の本のことになった。鶴見は私の本を詳細に読み込んでおり、細かい部分にまで踏み込んで的確に評してくれた。私はひどく緊張しながらも、鶴見の著作のおかげで本が書けたことに対して、お礼を言ったことを覚えている。若い頃から鶴見は常に着物を身に着けていることで知られている人であるが、この時は作務衣のような動きやすそうな和服的なものを着ていたと思う。

実はこの時までに、長谷川氏と鶴見の間では、南方熊楠の英文論文の翻訳を進める計画があったようで、長谷川氏の作った資料集が鶴見に渡されていた。鶴見はそれを取り出してきて、今後その仕事を私に引き継ぎたいと言った。私としても、それは願ってもないことであり、そのまま資料をいただいて帰ることになった。その後、この仕事は、紆余曲折があった後、後述するように集英社で実現することとなった。

ところが、その年、一九九二年の春から、長谷川氏が病に倒れ、入院することになった。夏に一度退院するのだが、すぐに再入院、そのまま十二月に六十八歳で逝去した。この時、私は鶴見に連絡を取り、長谷川氏の葬儀という思わぬかたちで再会することとなった。練馬の自宅まで赴いて、タクシーに同乗。国分寺市のお寺での葬儀に参列したのだが、その時に鶴見を南方熊楠の研究仲間に紹介することができた。この日は、鶴見はまさに正装といった留め袖の着物を着ており、長谷川氏の功績について述べ、南方熊楠の研究を引き継いでいってほしいということを我々に告げて去って行った。

私の方はと言えば、『一切智の夢』を出版する前後から、和歌山県田辺市の南方熊楠旧邸を訪れ、南方熊楠の長女の文枝さんと懇意になっていた。文枝さんは、残された膨大な父の資料と遺品の将来について頭を悩ませており、一九九一年四月から東京大学の留学生担当講師となっていた私に、その整理と調査について依頼することとなった。それを受けて私は、その後田辺市の援助や科学研究費の取得などによって、関連の研究者とともに資料の整理と分析に当たることになった。さいわい、日本文学、中国文学、英文学、西洋史、自然科学などのさまざまな分野の研究者がこの作業に参加してくれることとなり、南方熊楠の残した遺産は、没後初めてすべての資料に目を通した悉皆調査がおこなわれることとなったのである。

その一方で、留学経験のなかった私は、南方熊楠の調査も兼ねて、英国に行きたいという希望もあった。そこで、日本民俗学の研究者で、南方に関する論文も書いていたカーメン・ブラッカー氏に依頼して、ケンブリッジ大学の客員研究員にしていただき、一九九四年十月に東京大学を退職して渡英した。ケンブリッジでは、社会人類学の研究室とダーウィン・カレッジに所属するとともに、毎週のように汽車でロンドンに出て、大英博物館で南方の読んだ書籍の調査をした。南方が稀覯書の筆写をおこなった博物館の円形ドーム型の閲覧室は、まだその当時は図書館として使われていたので、私はそこで二年間調査をおこなうことができた。一九九七年には、この図書館はセント・パンクラスの新しい建物に移動しており、最後の時期に百年前の南方と同じ環境で調査ができたことは、たいへん幸運だったと言えるだろう。

当時は今と違って、インターネットもあまり発達しておらず、英国にいると日本の情報が入ってくることがあまりなかった。そこで、一九九五年十二月に鶴見和子が倒れたことに関しても、リアルタイムにはまったく知るよしもなかった。結局、私が詳細を知ることになったのは、一九九六年十月に帰国した後であった。そして、半年後の一九九七年四月に埼玉県の駿河台大学で勤務するようになってからは、鶴見の病状について、徐々に耳にする機会も増えてきた。

帰国後の再会

脳出血で倒れた際の素早い処置のおかげで、鶴見和子は一命をとりとめた。救急病院に運び込まれて、そこで年を越すこととなった。ところが、不思議なことに、若い日に情熱を燃やした短歌や英詩が口をついて出て来て、病室でひとり、大声で詠じたという。後に歌集『回生』にまとめられたその頃の歌から、いくつかを引用してみよう。

唇のしびれを感じ　「筒井さん、筒井さん」と呼び　起きるあたわず
眠れども眠れどもなお眠き我の意識はいずこへゆくや
これよりは身障者として生きなむとひたすら想う怪夢より覚めし深夜のベッドに
一条《すじ》の糸をたどりて白髪の老婆降りゆく　底ひより新しき人の命　蜻蛉の命登りゆく輪廻転生の曼陀羅図
我もまた動物となりてたからかに唸りを発す　これのみが自由

この時期にはまた、南京大虐殺博物館の展示や、水をほしがる広島の被爆者や、心身に痛苦を感じる水俣病の患者など、さまざまな夢を見たことが記されている。「片身麻痺の我とはなりて水俣の痛苦をわずか身に引き受くる」という、他者の苦しみを観察する立場から、自分の身に苦しみを受ける立場に変わったという自己認識は、これ以降、鶴見の思想の新たなよりどころとなり、内発的発展論をさらに深化させていく。

一九九六年二月から都立大塚病院でリハビリテーションを開始した鶴見は、五月には神奈川県の七沢リハビリテーション病院に転院。そして、十一月には高齢者施設の伊豆高原ゆうゆうの里に移り、恵まれた自然環境の中で徐々に回復していった。一九九七年には、上田敏帝京大学教授とともに歩行訓練も開始し、長年住んでいた練馬の自宅を処分して、同年十二月には京都府宇治市にある京都ゆうゆうの里に移った。これが、鶴見の終の棲家となる場所であった。この地にたどり着いた際の感懐を、鶴見は「斃《たお》れてのち元《はじ》まる宇宙耀《かがよ》いてそこに浮遊す塵泥《ちりひじ》我は」と詠んでいる。

七十九歳から八十八歳までの九年間、鶴見はこの京都ゆうゆうの里において、最晩年の、しかも半身麻痺にある状態とは思えないような精力的な活動をなした。その基盤となったのが、藤原書店との協力体制であった。藤原書店では、社長の藤原良雄氏が中心となって、一九九六年から病床の鶴見和子と著作集の刊行を企画。一九九九年までに全九巻の『コレクション鶴見和子曼荼羅』を刊行した。さらに国内外のさまざまな人物を宇治のゆうゆうの里に招き、鶴見との対談のサポートをおこなった。そうした対談は、鶴見との緊密な協力によって、次々と書籍として刊行されていった。

南方熊楠について、私がゆうゆうの里に呼ばれて鶴見和子との対談をおこなったのは、そんな時期のことである。藤原書店から企画の相談を受けた私は、話したい内容に関する鶴見のメモを事前に受け取り、藤原良雄氏と編集スタッフの刈屋琢氏とともに宇治に向かった。そして、二〇〇〇年十月一日、ゆうゆうの里の鶴見の居室で、八年ぶりの再会を果たすこととなったのであった。

京都ゆうゆうの里は、偶然私の実家の近くにあるのだが、一般の住宅地や繁華街からは少し離れた山の中の広大な土地を利用しており、それまで訪れる機会はなかった。自然に囲まれた空間に、ふつうの分譲マンションのような瀟洒な建物が建てられている。食堂部分や、レクリエーションのエリアも設けられており、ゲストルームもあるということだった。鶴見の居室はこぢんまりとしているが快適そうなところで、手元で使うための辞書などを除くと、本などはほとんどない状態だった。ただ、おそらく藤原書店の方で用意したであろう、対談などのための資料としてのコピーが、整理した状態で置かれていた。

一九九五年の脳出血以降、初めて会う鶴見は、椅子にこしかけた状態で、さすがに痩せて、背も小さくなったような印象だったが、血色もよく、元気そうであった。着心地のよさそうな和服を着て、少しゆっくりとした独特の先高のアクセントで「よくいらっしゃいました」とこちらに声をかけた。少し照れたように微笑んでいる顔は、とても柔和な雰囲気を漂わせていた。私はその表情を見て、急に懐かしい気分になり、思わず側まで近づいて「おひさしぶりです」と言ったことを覚えている。

鶴見に感じたそのような懐かしい気分は、実は自分にとってはやや意外なものであった。と言うのは、前述の経緯もあって、鶴見は私にとっては常に直接の先生のような立場であって、会うと常に緊張感を覚える存在だったからである。また、脳出血の後、身体が不自由な鶴見を前にして、こちらからどのように声をかければよいかと、会うまではそればかり気になって、ますます緊張していた。それが、実際に会ってみると何とも自然な雰囲気で、身内の誰かに久しぶりに出会ったような気軽さを感じたのであった。

後から考えてみると、それは倒れた後の鶴見が、失った身体の器官の機能とひきかえに得ていた、存在としての自然さによるものだったのであろう。倒れた後に鶴見が語ったり、書いたりしたものを読むと、それ以前に比べてより柔軟で、より自然な感じを受けることが多い。自分自身でも、「手足萎えし身の不自由を梃《てこ》にして精神《こころ》自在に飛翔すらしき」と詠っているように、倒れた後に思想的な柔軟性を得ていたことについて意識していたようである。すでに蔵書が近くの京都文教大学に寄贈されていたことも、学者としての束縛や競争心を離れて、ゆうゆうの里の方丈の庵に近いような広さの居室で自由に考えをめぐらせる心境につながっていたのであろう。

そのようにして始まったこの時の対談では、南方熊楠に関するさまざまな話題を一つ一つ確かめるように話が展開した。特に、南方曼陀羅については、真言密教との関係などについて逆に質問責めにされて困らされたりもした。『地球志向の比較学』における鶴見の発見の一つに、たくさんの事理と事理が重なる点として、南方が曼陀羅論の中で用いている「萃点《すいてん》」という独自の用語がある。中心点ではなく、人間の目から見てものごとを分析しやすい点として「萃点」というポイントを考えたことは、西洋の社会学では忘れられがちな相対的な視点を示した点で重要であったと、鶴見はとらえていた。

この時の対談で鶴見がもっとも力を入れて議論しようとしていたのが、この「萃点」の解釈に関してであった。私にとって興味深いことに、鶴見は南方曼陀羅の中では萃点が移動することがあるという考え方を示そうとしていた。

どこに比較の準拠集団をおくかということを固定してしまう。だけど南方の場合には、移動するのよ。「萃点移動」と私はいうんだけれどね。萃点はいつでも一つではないのよ。

（『南方熊楠・萃点の思想』一五三頁）

こうした「萃点移動」という言葉は、南方のテクストには現れないものであるが、南方曼陀羅の構造から考えて、十分に理解可能なものである。萃点は不動の中心点ではなく、今起きていることを分析するための焦点にすぎない。だから、状況が変われば萃点もまた移動していくはずである。鶴見は、「萃点を通して諸要因のあつまりあう場」として、スタティック（静態的）ではなく、ダイナミック（動態的）なものとして、南方曼陀羅のイメージを描こうとしていたのである。

この時の対談では、こうした南方熊楠の研究に関する話題だけではなく、雑談と言えるような部分にいたるまで楽しく、私としては鶴見とはじめてこのように膝をつき合わせて話をした気分だった。環境破壊に対して未来のために憂慮を示す鶴見は、対談の最後の方で次のように述懐している。

私はもう命が短いから、自分が生きてる時間が短いから、これでいいわと思った方がいいと思うけれど、女はとてもそんなふうに考えられないのね。もっとずっと先の命というものがあり続けてほしいと思うのね。……「男一代」というでしょう。ほんとに一代のことを考えて、一生懸命、権力闘争をやったりしているわけ。女から見ると、お気の毒さまという感じもしないではないわね。そんなものじゃないんじゃない？　もうちょっとゆったりかまえて、自分が死んだ後どうなるか、そこに希望が持てないかな、と考えるのよ。女と男はものの考え方のスパンが違うんじゃないかなと思うの。（同書一七六頁）

結局、昼過ぎから三時間程度話して、対談は終わった。その後、鶴見は車いすに乗って自室から一階まで我々に伴って降りてきて、ゆうゆうの里の設備に関して少し案内もしてくれた。私としては、鶴見がそのように体力的に回復していたこともまた、たいへん嬉しく感じられた。対談の方は、主に一九九〇年代の鶴見の南方論をまとめた『南方熊楠――萃点の思想』に収録されることとなり、これは翌二〇〇一年五月に刊行された。

二〇〇五年の座談会

この時の対談以降、南方熊楠の研究に関しては、数年間のうちに、さらにさまざまな進展があった。まず、二〇〇二年に長女の文枝さんが亡くなったことを契機に、隣地に研究施設を建築する計画が持ち上がった。それに合わせて、邸内資料の調査に関しても飯倉照平氏を中心として急ピッチで仕上げが進み、二〇〇四年に『南方熊楠邸資料目録』、二〇〇五年に『南方熊楠邸蔵書目録』が刊行された。二〇〇四年四月には、それまでの科学研究費よりさらに大規模な基盤研究Aにも採択され、全体的な研究の拡大化も進んだ。私自身はと言えば、二〇〇一年四月に、駿河台大学から京都の龍谷大学に移り、関西を拠点として研究を進めることができるようになっていた。

しかし、何と言ってもこの頃の大きなトピックは、二〇〇四年に京都の高山寺において、南方熊楠から土宜法龍に宛てた大量の書簡が新たに発見されたことであった。南方の土宜宛書簡は、平凡社版の全集に収録されたものが二十一通、長谷川興蔵がそこに新たに三通を追加して二十四通とし、土宜から南方に宛てた三十一通と組み合わせた八坂書房の『南方熊楠　土宜法竜往復書簡』が定本となっていた。しかし、新たに発見された南方の土宜宛書簡は四十三通に上り、基礎資料は一気に倍以上になったのであった。

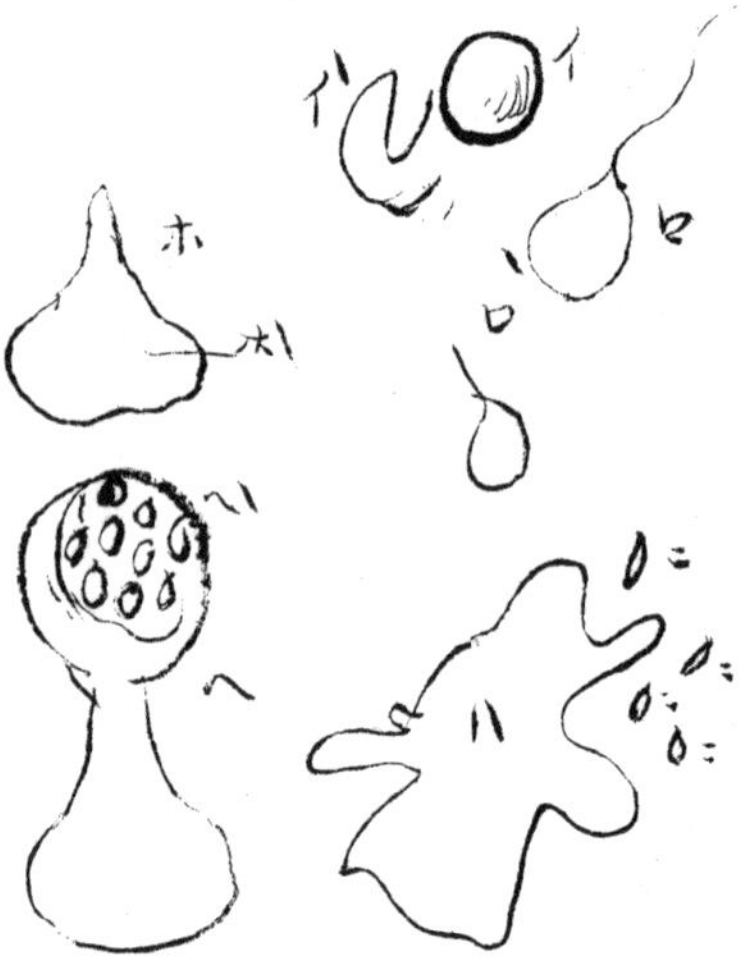

図版4　南方熊楠から土宜法龍宛の1902年3月25日付の書簡に見られる図

新たに見つかった書簡は、南方がロンドン、土宜がパリにいた一八九三～九四年のものから、南方の帰国後、那智滞在期ののやその後まで、長い範囲にわたっていた。どの時期のものも内容的に重要であるが、とりわけ注目されたのは、南方曼陀羅を書くことになる前年の一九〇二年三月に、生死に関する議論をさかんにやりとりしていることであった。この中で南方は、粘菌の中では生きている部分と死んでいる部分が同時に存在しており、そのように生死は不断に交替するものであることを論じている。そして、こうした粘菌のライフサイクルを図に示し（**図版4**）、その生態こそが「曼陀羅」であると断言するのである。

右の変形菌体の生死不断なるに比して予の講ずる心の生死の工合ひも分るべし。取も直さず右の図をただ心の変化転生の一種の絵曼陀羅（記号《シンボル》）と見て可なり。(13)

南方がこのようなかたちでも曼陀羅について述べていたことは、研究者にとっては意外でもあり、また大きな発見でもあった。これによって、南方の曼陀羅論はさらに広い射程を持ったものとして捉え直すことが必要となってきたのである。このことは、『地球志向の比較学』の際に鶴見が論じた内容が、大きく修正されていかなければならないことを示している。その一方でこの記述は、資料が不充分な段階で、鶴見がいち早く粘菌と曼陀羅の相関性を意識し、その二つが南方の思想の核であると見抜いた先見性を証明するものであったとも言えるだろう。

この書簡群を発見したのは、当時高野山大学の修士課程に在籍していた神田英昭氏で、その報を聞いた私たちは、さっそく科研により調査チームを組織した。その後、高野山大学教授で神田氏の指導教員の奥山直司氏、早稲田大学の大学院生であった雲藤等氏、それに神田氏の三名で翻刻がおこなわれることとなった。この作業は二〇〇九年に完了し、藤原書店から『高山寺蔵南方熊楠書翰』として刊行されることになるのだが、曼陀羅に関する部分だけは二〇〇五年刊行の『南方熊楠の森』（方丈堂出版）に先に発表することができた。

この発見に関して、鶴見はどのように見るだろうかと考えた私は、翻刻チームの了解を取って、藤原書店を通じて『南方熊楠の森』に発表する分の草稿のコピーをゆうゆうの里に送ってもらった。実は、鶴見はこの頃、種智院大学の頼富本宏氏と南方曼陀羅に関する対談をおこなっており、その対談を本としてまとめた『曼荼羅の思想』（藤原書店、二〇〇五年）には、頼富氏も新たな南方の曼陀羅論に関する興味深い分析をおこなっている。

鶴見と直接会って話さないかという企画を、藤原書店から提案されたのは、この発見の少し前頃のことであった。しかし私は、単なる対談であれば前回の繰り返しになると思い、今度は他の若手の南方研究者と一緒ではどうかということで藤原書店に相談し、鶴見にも快諾を得た。結局、前述の雲藤等氏と、田村義也氏、千田智子氏の三名とともに、ゆうゆうの里を訪れて座談会をおこなうこととなった。

本書の後半に収録したのは、この時の座談会である。四月二十九日に、藤原良雄氏、刈屋琢氏とともに、我々四人がゆうゆうの里を訪れ、一階の会議室で鶴見和子を囲んで話した。そのままゲストルームに泊めてもらって、翌日もう一度話すというかたちで進行した。当初は、鶴見と我々の共同作業として早めに出版することを企図していたのだが、鶴見の健康状況の悪化と逝去によって、その後、思わぬ長い中断を経て、今回やっとまとめることができたものである。

座談会の詳しい内容に関しては本篇に譲るとして、ここでは参加者と、前提となったいくつかの状況について紹介しておきたい。まず、雲藤等氏は、その頃前述のように新たに発見された南方の土宜宛書簡の読解を進めていた。南方の肉筆は、多くが細字で書かれており、また独特の崩し方の難字で、そのことが没後に研究が進まなかった大きな理由のひとつである。雲藤氏は熊楠の文字の読解に定評があり、当時は前述の科学研究費のリサーチ・アシスタントとして活躍していた。

田村義也氏は、私が東京大学留学生担当講師だった頃に同じ研究室の助手をしており、その頃から田辺での南方熊楠調査に関わっていた。オックスフォード大学に留学後、二〇〇〇年頃からふたたび南方の研究に復帰して、南方邸の蔵書・資料目録や、毎年刊行していた研究雑誌『熊楠研究』の編集に尽力していた。『熊楠研究』第五号(二〇〇三年)に書いた「南方熊楠の「エコロジー」で、鶴見和子による南方の神社合祀反対運動に関する議論がやや恣意的ではないかという指摘をしていたので、そのコピーを鶴見に事前に送って読んでおいてもらって、当日はこの話題に関して「対決」することになっていた。

千田智子氏は、博士論文を改稿して二〇〇二年に出版した『森と建築の空間史——南方熊楠と近代日本』で、南方熊楠の曼陀羅論から神社合祀反対運動にいたる軌跡を新たな視点で捉え直していた。近代化の中で、それまで宗教的な空間として存在していた寺や神社は行政的に整理され、信仰の対象であった仏や神は美術品として扱われるようになった。そうした空間認識の再編に抗うものとして、南方の神社と森林の生態に対するまなざしを位置づける論には見るべきものがあった。

こうして、三十代から四十歳前後までの「若手」の研究者四人で、当時八十六歳だった鶴見和子を囲んで、南方熊楠を題材に話した記録が、本書の本篇たるこの座談会である。冒頭で四人を前にして、これは「包囲網ね」と茶化した鶴見だが、それぞれに対する答えは的確で、我々の方が舌を巻いたというのが正直なところであった。二日間にわたって議論は盛り上がり、あらためて鶴見の存在の大きさを感じさせられる機会となった。座談会の後には、その頃鶴見の介護をされていた内山章子さんの手料理をいただきながら、古くからの研究仲間である関西大学の安田忠典氏も加わって、鶴見を囲んでさらに歓談することとなった。

鶴見和子の死

この座談会の翌年、二〇〇六年六月十日に、鶴見和子は八十八歳の米寿を迎えた。その直後、六月二十五日に京都市内の同志社大学の寒梅館で、鶴見と志村ふくみ氏の対談『いのちを纏う』の出版を記念したシンポジウムが藤原書店の主催で開催された。司会は藤原書店社長の藤原良雄氏、パネリストには経済史の川勝平太氏と日本舞踊の西川千麗氏も加わり、鶴見と志村氏を交えて本の内容を中心とした話が繰り広げられる予定であった。会場には、主に鶴見のファンと思われる人たちが多く集まっていた。

私も、一言だけでも挨拶ができるのではないかと思い、その頃南方熊楠の仕事を手伝っていただいていた本多真氏や、私の指導で鶴見和子とデューイに関する修士論文を書いていた龍谷大学院生の溝口佳代氏とともに、鶴見の到着を待っていた。ところが、イベントが始まっても鶴見は訪れず、健康上の理由で来られないことに関して、主催者からのお詫びが述べられることになった。

実はこの時、鶴見は背骨の圧迫骨折と、ウィルス性の下痢が重なり入院しており、強烈な痛みに耐えていた。六月二十二日には「きその夜死ぬかと思え目覚むれば朝の日は差すまだ生きてあり」と記すような状況であった。それでも死の床にあっても歌を作り、人と語らい、独特のユーモアを保ち続けた。「死にゆく人がどんな和歌を詠み、何を考え、何を思って死んでゆくのかを、貴方は客観的に記録しなさい」（六月二十日）という鶴見の言葉に導かれて、鶴見を介護し、臨終を見届けた内山章子さんの記録には、そんな鶴見の悲喜こもごもの日々が綴られている。

内山さんによれば、「ここで死ぬか部屋に帰って死ぬか主治医にさえも解らない人間の最期」（七月十二日）という状態が続き、七月二十四日には形見分けなどの死に支度をしたという。しかし、次の日の朝に病室に行くと、「昨日の遺言はお笑いね」と開口一番に言い、「私の計画通りに死ねなかったワ」とのことだった。その日、弟の鶴見俊輔氏が病室を訪ねると、次のような会話が繰り広げられたという。

「死ぬというのは面白い体験ね。こんなの初めてだワ。こんな経験するとは思わなかった。人生って面白いことが一杯あるのね。こんなに長く生きてもまだ知らないことがあるなんて面白い！　驚いた！」というと、兄は、

「人生は驚きだ！」と答え、姉は

「驚いた！　面白い！」といって、二人でゲラゲラ笑う。

しかし、その後の数日は痛みとの苦闘の連続で、それは七月三十一日まで続いた。その日の朝、

一人一人に「ありがとう」と言った後、内山さんには「あんまり「ありがとう」ばかり続けたから、あなたには「Thank you very much!」と述べ、それが最後の言葉となったという。(14)この日の夜遅く、鶴見和子は息を引き取った。

亡くなる前から、鶴見和子は自分の遺骸は灰にして、南方熊楠が愛した田辺湾の神島周辺に撒いてほしいと希望していたらしい。後に、甥の鶴見太郎氏に聞いたところでは、その遺言通りに、ご遺族で少量の灰を田辺湾で散骨したということであった。冒頭で記したように、鶴見と南方との出会いは、「晩学」であったが、その結びつきは死後にまで引き継がれることになったのである。

当然ながら、鶴見の死はニュースとして新聞などで報道され、私もすぐに知ることとなった。その時、私の中では、悲しいという気持ちはほとんど起きてこなかった。むしろ、鶴見が思い通りに生き、そして死んでいったことに対する、すがすがしさというようなものさえ感じた。それは、鶴見自身が次のように述べていたことを、何度か読んだり、直接に聞いたりしていたからであろう。

自然とはもっとも大きな生命体で、私たちは微小な生命体で、微小宇宙なんですね。自然は生命の根源です。そこから人間は生まれてくる。そうして死ぬということは、またそこへ還っていくということで、なんにも悲しいことじゃない。めでたいことです。そうして還っていったらどうなるかといったら、バラバラに分解して塵泥になって、そこへ散らばっていくでしょう。そうしたらまたいつかそれらが凝集して、何になるかわからないけれど、新しい命となって、この地球が存続するかぎりここへ還ってくるんです。だからちっとも恐ろしいことでも悲しいことでもない。そういうふうに考えられるようになりました。

（鶴見『遺言　斃《たお》れてのち元《はじ》まる』五六〜五七頁）

生前の鶴見はまた、自分の死は自分にとってのクライマックスなのだとも言っていた。その言葉通り、鶴見和子のような人の死は、人生の大団円という以外の何物でもない。私としては、そのような死を前にしてすべきことは、あらためて敬意を払いながら、その業績を振り返ることだけである。その気持ちは、今にいたるまで、まったく変わりはない。

3 今後の南方熊楠研究へ

最後に、現在および将来に向けての南方熊楠の研究という観点から、鶴見和子の仕事の意義と限界について考えてみたい。

ここまで述べてきたように、南方熊楠に関する理解は、一九四一年の没後、資料の解読とともに段階的に進んできた。最初の展開は一九五〇年の乾元社版全集の刊行で、主に雑誌などに発表された熊楠の論考を集めたものであった。次の契機は一九七〇年から七五年にかけて出版された平凡社版全集で、生前に発表された論考だけでなく、土宜法龍宛などの主な私信がまとまったかたちで読めるようになり、これによって南方熊楠という人物の全体像について、輪郭がかなりつかめるようになってきた。

鶴見和子の『地球志向の比較学』は、主にこの平凡社版全集に依拠しながら、それまでの南方熊楠理解を大きく塗り替えるものであった。鶴見がこの本で、当時使える資料を駆使して南方の全体像を論じきり、研究史上の転機を画したことは、ここまで見てきた通りである。その後、亡くなるまで続けられた鶴見の南方関係の仕事も、基本的にはこの『地球志向の比較学』の内容を展開したものと考えることができるだろう。また、一九九一年の没後五十周年に南方ブームとして一般への浸透が深まったことも、鶴見の研究を基盤としていた面を見過ごすことができない。

しかし、『地球志向の比較学』出版からすでに三十七年が経ち、現在では南方に関する研究の状況が様変わりしたことも、また事実である。まず、一九九〇年代以降の南方旧邸の悉皆調査やさまざまな出版を通して行われてきた、資料的な面での拡充による部分が大きい。これにより、平凡社版の全集では読み取りきれなかったような、南方の生涯の中でのさまざまな機微や、学問的文脈がかなり明瞭になってきた。特に、鶴見は「問答形式の学問」という言葉で、海外や日本で繰り広げられていた南方と他者とのやりとりの重要性を予見していたが、当時の資料的な制約から、なかなか細かい内情までは立ち入ることができなかった。こうした面に関しても、すべてとは行かないまでも、格段に多くの資料が使える状況になってきている。

鶴見和子自身、みずからの研究におけるこうした資料的な不備には自覚的であった。本書収録の座談会の中でも、鶴見は南方曼陀羅に関連して、この時期の南方から土宜法龍への書簡だけでなく、土宜から南方への書簡を照合しないと実態がわからないという発言をしている。

一九九二年に筆者が初めて面会した際に、鶴見から私に託された南方熊楠の英文論文翻訳の作業に関しても、さいわい共同研究者に恵まれて、二〇〇五年に集英社から『南方熊楠英文論考［ネイチャー］誌篇』として刊行することができた。この本では英文論文の翻訳だけでなく、そうした論文が書かれた経緯となる前後のやりとりなど、鶴見の言う英語圏での南方の「問答形式の学問」の実態を、かなり明確にできたことも重要であったと考えている。この作業はさらにその後も続けられ、『「ネイチャー」誌篇』の五倍程度の分量のある続篇として、『南方熊楠英文論考［ノーツアンドクエリーズ」誌篇］』を、同じく集英社から二〇一五年に刊行している。

南方熊楠の資料という面から見た最大の変化は、奇しくも鶴見が亡くなった二〇〇六年に、和歌山県田辺市の南方熊楠旧邸の隣地に南方熊楠顕彰館が開館したことであった。この南方熊楠顕彰館は、現在知られている関連資料の、おそらく八～九割程度を有する施設である。原資料の保存と公開だけでなく、資料叢書・ニューズレターなどの刊行や企画展・講演会などを通じて、研究の拠点としての役割を果たしてきている。また、この顕彰館との連携によって、関連する研究者によるネットワークが形作られ、基礎資料の共有を前提としつつ、発展的な研究を進めるだけの研究体制が整いつつある。

こうした資料面での充実を受けて、南方に関する研究は、この二十年ほどの間に格段に層が厚くなりつつある。民俗学や植物学だけでなく、文学、仏教学、歴史学、比較文化などの視点から、南方にアプローチするような研究が増えてきた。また、国内だけでなく、英語圏やドイツ語圏、さらに中国語、韓国語圏において南方に注目する研究者も出て来つつある。国内外の他の重要な作家・思想家ならば当然であるはずの「事実」に基づく実証的な研究が、ようやく南方についても主流となってきたと考えられるのである。

鶴見和子の研究は、まさにこのような実証的な南方熊楠研究への最初の扉を開いたものとして評価すべきものである。その一方で、現在や今後の研究状況の進展の中で、鶴見の南方研究はどのようにとらえ直され、乗り越えられていくのであろうかという疑問も生じてくる。一言でこの問題に答えようとするならば、それは一九七〇年代から九〇年代という、彼女の南方研究が活発におこなわれた時期の「時代性」がますます浮き彫りとなってくる、ということであろう。このことは、これらの年代から私たちが遠ざかるほどに、その時間のもたらす距離感によって明瞭になってくるはずである。

たとえば、鶴見が当時の高度経済成長の中、あちこちで起きていた公害問題の縮図である水俣病を調査した際の苦闘から、南方熊楠の神社合祀反対運動の再発見へとたどりついたことには、歴史的な意義があった。その一方で、こうした発見の道筋が、南方の行動を公害反対の市民運動のさきがけのようにとらえる、その後のやや一方的な理解の傾向を作り出したという側面も否定できないところがある。

とりわけ、鶴見が『地球志向の比較学』以降の著作でしばしば図式化しているような「国家神道対民間神道」という対立が、現在の目から見ればかなりナイーブなものと見えてしまうことは確かである。鶴見は、国家神道を進める立場からなされた一町村一社という神社合祀の原則が、多様な信仰の形態を有していたアニミズム的な民間神道とぶつかったのが、南方の神社合祀反対運動であると説いた。つまり上から押しつけられた国家神道の力が、地域に根付いた民間神道がその土地の生態系と地域の社会を押しつぶそうとしていることに抗して、南方は闘ったのだと鶴見は解釈したのである。そして、民間神道のような、土地に根ざした地域住民がみずからの生活を守る「自治の思想」こそが重要なのだという結論を導き出している。

近年、こうした見取り図に対して修正を迫ったのが、畔上直樹の『「村の鎮守」と戦前日本――国家神道の地域社会史』（二〇〇九年）である。畔上は大山神社の合祀問題をめぐる南方の運動とその失敗について、協力者であった古田幸吉との往復書簡をたんねんに読み込み、地域社会史の立場からその実態を明らかにしようとしている。畔上によれば、神社合祀に対する地域の反応としては、抵抗よりもむしろ容認の姿勢を示したところが多い。抵抗するか容認するかは、それぞれの地域社会の事情によるものであり、たとえば大山神社の場合には、水害からの復興や柑橘類栽培の導入によってそれまでの信仰や村落構造のあり方が、合祀以前にすでに変わっていたことが、容認に傾いた大きな理由であった。南方はそうした地元の事情については知らなかった、あるいは知ろうとしなかったために、村の現実の中で合祀反対を進める古田のような人物の苦悩が理解できなかったのだと、畔上は結論づけている。

前掲の畔上の著書が全体として企図しているのは、大正期以降の国家神道は、近代化の中で変貌していく地域の「村の鎮守」に対する信仰によって支えられていたのではないかという問題提起である。こうした観点からすれば、国家神道と民間神道の対立を前提とする南方の神社合祀反対運動に関する鶴見の理解は、すべて否定されるというわけではないものの、大きく修正される必要が出てくる。ただし、それは鶴見の南方論のみが持つ問題と言うよりも、鶴見の見取り図を成り立たせていた一九七〇年代から八〇年代にかけての言論の「時代性」と言うべきものである側面も大きいと言えるだろう。

神社合祀反対運動に関して鶴見の論が持つこのような時代性とその限界は、彼女の南方研究の他の部分に関しても多かれ少なかれ指摘できるものである。「南方曼陀羅」に関しても、粘菌研究に関しても、大幅に拡充された現在の関連資料からは、南方の思想の全貌をとらえるためには『地球志向の比較学』が示しているものより、さらに大きな射程が必要であることがわかってきている。一九七〇年以降に鶴見が開拓した実証的な南方熊楠の研究の流れは、数十年を経てようやく鶴見の議論自体を相対化できるところにまでたどり着きつつある。

しかしそのことは、今後、鶴見の『地球志向の比較学』が読まれなくなる日が来るということを意味しているわけではない。鶴見の議論の持つ「時代性」に対する考慮を含みながら、この本は今後もやはり、読み継がれていくことになるだろう。その大きな理由は、本論で繰り返し述べてきたように、この本が鶴見の南方に対する圧倒的な「共感」によって成り立っているからである。

客観的な研究は広い範囲の正確な情報を提供することができるが、そのことに最終的に意味を持たせるのは、研究対象との間に生ずる心を揺さぶられるような感覚であり、人物研究の場合、多くはその人物に対する共感である。鶴見の南方研究は、身をもってそのことを示す好例であるように、私には思われる。そしてそれは、鶴見自身が内発的発展論という言葉で語っていた方法論と、かなりの部分で重なるはずである。

鶴見の言う「内発的」という言葉は、突き詰めれば「生身の、生きている者として、ものごとを理解する」というところにたどり着く。それは、研究の方法として考えた場合には、常に対象となる人物に対する人間的な共感（やその延長としての反感）に基づきながら、客観的な事実の一つ一つを照合していくことに他ならない。南方熊楠に対するこうした人間存在としての理解こそが、鶴見の『地球志向の比較学』を、現在、そして将来にわたって輝かせ続けている最大の要因である。

そして、本書に収録した座談会のように、鶴見はそうした「内発的」な人間理解の重要性を、自分より若い世代に対して真摯に語り続けようとした。南方から鶴見へ。そして鶴見から現在、さらに将来の世代へ。鶴見和子が伝えたかったのは、そのようにして受け継がれていく「共感」というかたちでの思想のあり方だったように、私には思われるのである。そのことを物語る鶴見の次の言葉を最後に記して、やや冗長になってしまったかもしれない本稿を終えることにしたい。

ひとりの人間の生命はちりひじのように、かすかでみじかい。ひとりの人間の生涯に、その志は実現し難い。自分より若い生命に、そしてこれから生まれてくる生命に、志を託すよりほかはない。(15)

注

(1) 鶴見和子『南方熊楠——地球志向の比較学』講談社学術文庫、一九八三年（初出は『日本民俗学大系 第四巻』講談社、一九七八年）、五頁。以下、本稿での引用は学術文庫版による。

(2) 益田勝実、桑原武夫などは、断片的ではあるものの、さすがに南方の思想を正面から捉えようと試みている。

(3) 土宜法龍の読み方に関しては統一した見解がない。アルファベット表記での自署などからはトキ、地元での慣例ではドギが想定される。ここでは最近の研究で多く用いられるドギを使用した。また名前の漢字についても、以前は法竜の表記が優勢であり、『地球志向の比較学』でもそちらが用いられているが、ここでは揮毫などの際に多く用いられている法龍という表記を用いた。

(4) 上品和馬『広報外交の先駆者　鶴見祐輔』（藤原書店、二〇一一年）を参照。

(5)『鶴見和子曼荼羅Ⅸ』環の巻、三七二頁。同書三六三〜四二四頁の「鶴見和子研究」年譜は、作成・能澤壽彦、校閲・鶴見和子となっており、鶴見が目を通したという意味で自伝に準ずる資料と見なしてよいと思われる。

(6) 同書、三八五頁。

(7) 澁澤龍彦「悦ばしき知恵　あるいは南方熊楠について」『新文芸読本　南方熊楠』（河出書房新社、一九九三年）、二七頁。この文章は同書二四〜二七頁の他、飯倉照平・長谷川興蔵編『南方熊楠百話』（八坂書房、一九九一年）四九〜五二頁にも収録されている。

(8) Aspects of Endogenous Development in Modern Japan, Research Paper, IIR, Sophia University. Originally based on the series of public lectures given at the University of Virginia, March 19-23, 1979.

(9) Creativity of the Japanese: Yanagita Kunio and Minakata Kumagusu, Research Paper, IIR, Sophia University. Delivered at the Asiatic Society of Japan on September 10, 1979.

(10) 一九八一年七月二十五日、日本記号学会研究会。『現代思想』一九八三年十月号。『鶴見和子曼荼羅IX』環の巻に収録。

(11) Minakata-Mandala – A Paradigm Change for the Future, Sophia University, IIR Research Paper, Series A-65, 1995.

(12) その後、『鶴見和子曼荼羅V』水の巻、および『南方熊楠・萃点の思想』に収録された。

(13)『高山寺蔵南方熊楠書翰』二六〇頁。

(14) 鶴見和子の最後の日々に関しては、つきっきりで看病された実妹の内山章子氏による『鶴見和子病床日誌』(非売品、二〇〇八年)および、鶴見和子『遺言』(藤原書店、二〇〇七年)中の内山章子「姉・鶴見和子の病床日誌(二〇〇六年五月三十一日〜七月三十一日)」に詳しい。ただし、本稿での記述には、筆者が内山章子氏から直接にうかがった内容も含んでいる。

(15)『鶴見和子曼荼羅』各巻、カバー袖に添えた鶴見和子の言葉。

うちなる原始人を発見——南方熊楠著『南方熊楠全集』第二巻

鶴見和子

南方熊楠《みなかたくまぐす》は一八六七年に紀州和歌山市に生まれた。アメリカからイギリスに渡り、ロンドンで草創期の人類学に在野の研究者として貢献した。日本に帰ってからは、紀州の山奥に住居を定め、粘菌の採集に沈潜するかたわら、日本の民俗を古今東西の民俗とのつながりにおいて捉える仕事を精力的につづけ、またその間に『方丈記』の英訳もおこなった。わたしたちは、南方熊楠と柳田国男という、二人の方法も資質も異なった、しかしそれぞれに強烈な個性と独創力を具えた民族学の先達をもったことを幸福とする。『柳田国男全集』全三十六巻（筑摩書房）は、九年ごしでようよう最終巻の索引が出れば完結する。

そして今、『南方熊楠全集』全十巻が計画され、すでに第二巻までが刊行された。熊楠と柳田の仕事を組み合わせ、再構成することによって、もしかしたら、わたしたちは、わたしたちの社会と文化の内奥から、社会変動の国際比較の独自の手法を作りあげることができるかもしれない。

西洋の学者たちが原始人を研究する時、自分の所属する社会の外に出て探検しなければならないものときめている。これに対比して、南方や柳田は、自分の社会の底に原始・古代の人間関係が生きているのを探りあてたばかりでなく、自分自身の精神の深層に、原始・古代心性を発見したのである。そして、この原始・古代心性を、「ただおくれたもの」として見ないで、むしろ近代のさまざまの害毒をつき破ってのりこえるテコとしようと考えた。このような問題意識は、とくに柳田において顕著である。しかし、この二人の「うちなる原始人」をくらべてみると、柳田は和魂であるのに対して、南方は荒魂とよべるかもしれない。南方自身の内なる原始心性の賦活力は、近代化の害毒を身にしみて感じさせられている今日のわたしたちにとって、生きる勇気を与えるだけでなく、目標の再考をうながさずにはおかない。

「小児と魔除」という文章の中に、「邪視」（イーヴル・アイ）のことが書かれている。邪視の信は、古代エジプトから始まって、南欧、西アジア、北アフリカ等に盛んにおこなわれ、中国や日本にもゆき渡っていた。富や美貌や権力などを他人より多く持っているものは、それらを持たざるものの嫉妬やうらやみのこもった眼で見つめられることによって、それらの好きものを失うことを恐れた。そのために美しい眼は黒い縁どりをつけ、金持ちはぼろをまとったりして、邪視をさけようとしたことなどが古今東西の事例によって傍証されている。よみゆくうちに、邪視の信は、人間社会に現在もまた遍在する不公平に対する疑問と抵抗の原初的形態であって、現在も形を変えてわたしたちの中に生きていることと感じる。

南方全集第二巻の益田勝実氏の解説、および『民俗の思想』（筑摩書房）の同氏の解説をあわせてよまれることをお勧めする。

（初出　『週刊言論』一九七一年六月十八日号「週刊読書室」欄）

第Ⅱ部　南方熊楠の謎〈座談会〉

——鶴見和子さんを囲んで——

松居竜五　田村義也　雲藤等　千田智子

（司会）藤原良雄

1　南方熊楠像と南方曼陀羅

熊楠研究の歴史

松居　二〇〇〇年の十月（刊行）に、前回、鶴見先生とお会いしまして対談をさせていただきまして、大変おもしろかったし、いろんな形で触発をされました。鶴見先生、四年前から……。

鶴見　先生と言わないで、さんといって。

松居　それはちょっとむずかしいんですが、どうしましょうか、努力しましょうか。

鶴見　努力してください（笑）。努力すればできるんです。

松居　……何を話すのか忘れてしまいました。……四年前にお会いした時よりもますますお元気に見えて……。

鶴見　それは死期が近づいたからね。

松居　いえいえ。本当に呼んでいただいて、楽しみにしてまいりました。それで私一人だとちょっと太刀打ちできないのではないかと思いまして、今回は研究をいっしょにしている仲間というか、熊楠研究の一番新しいところを開拓しておられる方、三人いっしょに来ていただきましたので、この四人で鶴見先生を囲んでやらせていただきたいと思います。

鶴見　包囲網ね（笑）。

松居　最初に熊楠研究の流れと、それから鶴見先生のお仕事に関して紹介するということだったんですが、まず一九七八年にお書きになった『南方熊楠――地球志向の比較学』（『日本民俗文化体系』第四巻、講談社）という本が、熊楠の研究に与えた影響というのが非常に大きかったと思います。われわれはその流れのなかで研究しているところがあるということを考えております。そこに、こうやってお話しすることの意味もあると思っています。

熊楠の生前には、熊楠は柳田国男とか折口信夫のように、弟子が取り囲んでいたわけではありませんから、資料というのが非常に断片的な形でしか出ていなかったのですが、戦後になって南方ソサエティができて、ある程度、資料が集まりだした。それが一九七〇年代に平凡社の『全集』が出ることによって、ある程度の熊楠の仕事の核というものができて、それを受けて鶴見先生がその本をお書きになったことで、実証的研究の基礎をお作りになったのではないかと思っています。

それまでは資料をきちんと読まないような状況で、熊楠というのは常人にはできないような活躍をした人である、というイメージだけが先行していて、そういう特殊な人のことを考えるためには特殊な方法でやらないといけないというので、論理的というよりはイメージによる熊楠像が先行していたと思うんですけれども、鶴見先生のお書きになったものは、やはり学問的な土台に乗って熊楠を研究する必要があるということをきちんと書かれていた。それは熊楠自身が、学問的な素養をイギリスで、英文論文を通じて獲得して、植物学もやって、そういう形で実証的な学問を積み重ねたうえで、そこからさらに、その当時の実証的な学問ではできなかったような領域に踏み込もうとしていた学者だった、ということがあるので、熊楠のことをやるには、けっして突飛な方法でやるのではなくて、むしろオーソドックスな方法で一つ一つつめていく必要がある。そうすることによって、それまでのわれわれが予想もしなかったようなところに視野が開けてくる、ということを、熊楠を通じて鶴見先生がお書きになった。

これが南方熊楠という人を現代に生かしていくための、一見すると非常に地味なようだけれども、じつはその結果として大きな成果が出てくる方法です。われわれはやはりそういう見取り図に沿って南方熊楠を研究していると、私は思っています。ただ、このへんはそれぞれの研究者の方によって少しずつ考えが違うと思いますから、そのあたりをお聞きするといいと思います。

まず資料的なことについて話しますと、鶴見先生がお書きになったきっかけは、長谷川興蔵さんが先生に書いてほしいといってきたことだった。それは長谷川興蔵さんが、自分が平凡社で編集している『南方熊楠全集』を生かして書いてもらうという、そういう流れでの依頼だった。それからその後も長谷川興蔵さんは『日記』を出したり、さまざまな形で熊楠の資料の刊行をずっと開拓してこられたと思います。長谷川さんが亡くなったのが一九九二年だと思いますが、ちょうどそのころに、南方文枝さんと田辺市の依頼で、南方熊楠資料研究会というグループで南方邸に入って、その資料の調査を始めて、ちょうど今年（二〇〇五年）で十二、三年になるわけですけれども、やっと『南方熊楠邸資料目録』と『南方熊楠邸蔵書目録』という形で資料のほとんどのリストができました。

その過程で新しい資料もたくさん出てきました。これは鶴見先生がお書きになった『地球志向の比較学』の中でも一つの大きなポイントですけれども、熊楠の学問は問答形式で成り立っていて、論文によって発表するよりも、むしろ文通などで他人と対話しながら学問を進めてきた人だということをお書きになっています。そのことを裏付けるような資料が、調査のなかで一つ一つかなりおさえられるようになってきたということがあります。たとえば、熊楠は土宜法龍、柳田国男、小畔四郎、平沼大三郎、今井三子《さんし》、そういう個々の人たちとそれぞれの分野の対話をくり返すことによって学問をつくり出してきた。それは書簡の形、手紙の形で残っていますし、その手紙の一点一点をリスト化して、その細かい対応関係がわかるような形にやっと、この十二、三年の調査を通じてできるようになってきました。こうした調査はデータベースの力を借りてやっている部分もあり、またそれにもとづいて、ここにいらっしゃる雲藤さんのように、翻刻をしながら進められてきている。そういう中で、鶴見先生のおっしゃったような、熊楠がやっていた問答形式の学問を実証的にとらえるということが、かなりはっきりと具体的な形で、できるようになってきたと思っています。

さらに、予想外の新しい発見もたくさんありまして、とくに今回、ぜひとも先生にご報告しなければいけないと思ってやってきたのは、京都の高山寺で去年の十月、土宜法龍宛の熊楠の書簡、三十八通が見つかった件についてです。これによって「南方曼陀羅」というふうに鶴見先生が中村元さんと共同作業の形で命名された熊楠の思想の部分を、かなり補強するような資料が出てきた。いままで二十九通だったのが三十八通加わりましたから、そこの部分は読みが非常に広がる形になってきたと思っています。

それから、鶴見先生の『地球志向の比較学』での指摘の重要な点として、南方熊楠が南方曼陀羅という学問的なモデルで世界を把握しようとしていた人だということを書かれたこととともに、もう一つ、神社合祀反対運動というのが日本の近代社会のなかで大きな意味をもつという分析をされています。この南方曼陀羅と神社合祀反対運動の位置づけというのが、鶴見先生の『地球志向の比較学』の中では二つの大きな論点だったと思うんですけれども、今回、神社合祀関係に関しては、最近、田村さんや千田さんが新しい論文を出しておられますから、そういうところとも組み合わせてお話ができるかと思っております。

高山寺の新資料

松居　それで、鶴見先生に見ていただきたいと思って持ってきました、高山寺の資料に関して、わかる範囲でご説明させていただきます。

今回の高山寺の新資料ですけれども、熊楠の研究をしている高野山大学の神田英昭さんが高山寺に行かれて、そこで彼自身もお坊さんの修行をしている人なので、いろいろ懇意になってお話をされた。その中で、南方と土宜法龍に関係する資料はありますかと聞いたら、最近、こういうものが見つかりましたというので、これぐらいの手紙の束を出してこられた。それを神田さんが見て、写真に撮って持ってこられて、高野山大学の先生である奥山直司さん、それから私がざっと見たところ、どうやら新資料らしいということになった。そこで高山寺に行きまして、一つ一つ往復書簡などと対応させながら確かめたところ、全部これは新資料であるということで、三十八通分が見つかりました。

内容的には二つぐらい大きな時期の偏りがあって、一つは南方熊楠のロンドン時代です。熊楠が土宜法龍と会ったのは一八九三年十月三十日で、それから四日間、ほとんど毎日、泊まりがけで二人は話をしていたんですけれども、最後の日の十一月三日付の熊楠の書簡が見つかりましたから、これはおそらく最初の書簡ではないかと思っています。つまり直接会っている時は手紙のやりとりをする必要はありませんので、別れの際に「おそらくこれでもう会えないでしょう」というような形で熊楠が出したもので、そこから土宜法龍がパリに行って、パリとロンドンで往復書簡がはじまるという形になったと思います。

この一八九三年十月から翌一八九四年の前半にかけてロンドンとパリの間で書簡のやりとりがされていて、これは南方曼陀羅の原型になった「心」と「事」と「物」とか、それから二人でチベットに行きたいという話をしています。今回発見された書簡によって、そういう時期に当たる書簡がかなり大量に補強される。いままででも往復書簡の中にそこの部分はあったんですけれども、そこの部分の資料の厚みが、倍あるいはそれ以上になるということが一つ大きなところであると思います。

ただ、今回の資料で一番注目されるのは、その部分よりもむしろその後、熊楠が日本に帰ってきて、それから土宜法龍と書簡のやりとりをして南方曼陀羅に至る時期、これが一九〇〇年から一九〇三年、四年ころになるわけですけれども、この中でとりわけ一九〇二年の書簡がたくさん出てきた。十通ほどあるんですけれども、これはみんな巻物形式で一メートルぐらいの長さがありまして、曼陀羅を書いた書簡、あれも長いんですけれども、ほぼあれに匹敵するぐらいの長さがあります。

鶴見 半紙で二十枚というのね。

松居 あれは半紙ですね。ただ、この一九〇二年のものは巻物で一メートルぐらいなんです。

例によって細かい字でずっと書き込まれています。これが十通あります。どうやら今回の資料の中では、ここが非常に重要な部分で、大きな核になる部分ではないかと思います。というのは、一九〇三年になりますと、七月から八月にかけて南方曼陀羅の二つの書簡が書かれます。一つは鶴見先生がずばりと南方曼陀羅とおっしゃった、因果関係が錯綜するような図で、その後の八月のものは両界曼陀羅、金剛界と胎蔵界が二つに分かれた曼陀羅です。この七月から八月というのが熊楠の南方曼陀羅のピークであるし、ある意味で、熊楠のすべての思想活動の一番中心になる部分だと鶴見先生はおっしゃって、そこがいまの熊楠観をつくってきたところだと思うのです。

ところが、それとまた別に、一九〇二年の三月から五月にかけて、南方熊楠がたくさんの図を使って土宜法龍に自分の世界観を伝えようとしていたということが、今回の発見からわかってきました。その中で熊楠は「曼陀羅」という言葉を使っていますので、一九〇三年七月から八月の曼陀羅に至るまでのものとは、もう少し別の形で熊楠の曼陀羅に関わる思想的な高まりというか、試行錯誤というか、そういうものがあったということがわかってきました。

粘菌のライフサイクルは絵曼陀羅

松居　ですから、ほかの書簡も当然重要なんですけれども、やはり一九〇二年三月の書簡というのが、当面、この新資料の中で、何をおいてもまず考えてみるべきものであると思っています。

その中で、これを全部読むのはちょっと大変なので、一通だけ、この三月の書簡の中でも一番中心になりそうだというものに関してご説明したいと思います。

三月二十五日に書かれた書簡でこの図が出てくるんです（本書五四頁、**図版4**参照）。一見してわかるのは、これが粘菌のライフサイクルになっていて、粘菌が胞子から発芽して、小さな細胞が集まってアメーバになり、アメーバから子実体になって、胞子を作っていくと。そのくり返しであるということを書いています。この粘菌のライフサイクルというのが、生命を考えるうえで非常に重要だということを、熊楠はこの書簡の中ではっきりと書いているということがわかります。

これは雲藤さんの翻刻（のちに『高山寺蔵南方熊楠書翰』として刊行。本書五三頁参照）を読んで、いまの時点で言えることですけれども、熊楠がここで何が大事だといっているかというと、粘菌の中にはアメーバの時にはさまざまな部分がありますけれども、それが胞子を作る時にそれぞれ違う動きをするんです。最初の部分は、最初に胞子になって固まっていく。それをまたよじ登ってくるやつがいて、それがまた固まって、さらにそこからよじ登ってくるやつがいる。これが全部、粘菌の場合には一つの細胞なんだけれども、その中の部分で固まっていくものは、生命としては死んでるわけです。死んでるものの上からまた生き延びているものが出てきて、また死んでいく。またその上に生きてるものが……。でも全体としては生きているわけです。

それを熊楠は書いていて、粘菌の中には、「生死が煩雑せり」と言っている。つまり、粘菌の中には、その瞬間瞬間に生の部分と死の部分がつねに共存しながら、全体として大きな生命体を作っているということが大事だということを書いています。

さらに、それがおもしろいのは、仏教とその生死観を結びつけて、心の問題というのも同じようなことであって、この世界の物事というのは、生と死の部分がつねに共存しながらできているということを書いているところです。しかも曼陀羅という言葉を使うのに、どうやら熊楠は「取りも直さずこれを絵曼陀羅と見て可なり」というんです。つまり粘菌の生死の状況そのものが曼陀羅であって、それがほかの現象をいろいろ考えるうえでのモデルになっていると、熊楠はこの書簡の中で書いているようにどうやら思われるんです。

それを受けて、その曼陀羅はいろんな形で書かれるもので、たとえば、これはユダヤの密教の曼陀羅であるというふうに書いています。ここは、私はよくわからないのであまり説明できないんですけれども、ユダヤの神秘思想のカバラというものは、ユダヤ教全体のなかでも、中世に出てきた、ある種、秘教的な部分であって、それを密教というふうに呼んでいて、そのユダヤ教の密教的な部分の中に、こういう曼陀羅的な解釈があるということをいっているのだと思います。ただ、この図そのものはユダヤのカバラの考え方をかなり反映している。たとえば、父と母とがあって、その結合として生命が生まれてくるとか、そういうことをこの図によって説明しているんですが、この図そのものを熊楠はそれほど詳しく説明しているわけではない。書いているのは、真言密教の曼陀羅と比べて余計なものがないので、だからこういうユダヤ教の曼陀羅の方がシンプルでよろしいということを書いています。

田村　曼陀羅という言葉について一言だけ補足をさせていただきますと、この書簡で「絵曼陀羅」という単語が出てまいります。その後にすぐ熊楠は括弧書き説明を付け足しています。これは比較的読みとりやすいものですが、ここに「絵曼陀羅」とあって、すぐ下に「記号」と書いて、「シンボル」とルビを振っています。これを素直に読めば、「絵曼陀羅」と書いたのは仏教の語彙を使えば曼陀羅だが、つまりシンボルのことだと、熊楠は言いたいようなんです。シンボルという意味での曼陀羅だと。しかもそれが絵、あるいは図になっている、どうもそういうことをこの時、土宜に言おうとしているようなんです。

松居　それでこの書簡の中からいまご説明したようなもののなかで重要な点というのが、やはり粘菌というのが熊楠にとって非常に大きなものであったということです。熊楠はほかにも、隠花植物や、高等植物、藻類、キノコとか、いろんなものを採集していましたけれども、やはり粘菌の中に生命の一つの大きな特徴を見て、それを分析のモデルにしようとしていたということがかなりはっきりと書かれています。鶴見先生は『地球志向の比較学』の中で粘菌と曼陀羅を結びつけられていますが、じつは私はやや懐疑的で、キノコもあれば、藻類もあるので、熊楠はそういった生態系という、もうちょっと大きなものを見ていたので、そういうさまざまなものから曼陀羅を生み出したと思っていたんですが、ここにはやはり粘菌は特権的に重要であるということが書かれていると思います。それが一点です。

もう一点は、そこのところがいま「絵曼陀羅」という言葉で書かれていましたけれども、どうやら粘菌そのものが曼陀羅であるような、そういう考え方を熊楠はしていた。一九〇三年七月、八月の南方曼陀羅を論じた後に、熊楠は「森羅万象は曼陀羅なり」と書いていて、自然のものはすべてが曼陀羅なんだというふうに言っています。結局、それが最初の発想から表れていて、自然の世界、生命の世界そのものが曼陀羅であるということを、粘菌の中に見ようとしていた。ここも大事な点ではないかと思います。

とりあえずそのあたりまではわかるんですが、その先、これを分析していくためには、かなり真言密教の知識なども必要になってきて、もう少し時間をかけながら考えていきたいと思っております。

田村　ラクーナというか、ミッシング・リンクといいますか、つながるはずなのにカギになる証拠があまりなかった、変形菌と曼陀羅とをはっきりつなげる資料が出現したということは言えると思います。

鶴見　そうね。曼陀羅と粘菌がね。私、とってもおもしろいと思うのよ。

熊楠と真言密教

田村　それに加えて、この資料がちょっと深刻な問題をわれわれに突きつけていますのは、真言密教への熊楠の入れこみ方が、われわれが思っていたよりもずっと深いということで、この書簡全体として、土宜に対してかなり真剣に、真言密教の専門語彙を使って議論をふっかけています。これは私どもの予想といいますか、この本（八坂書房版『南方熊楠 土宜法龍 往復書簡』）から受けていたイメージよりもずっと先にいっているものでした。

松居 頼富先生と鶴見先生が対談されましたね（『曼荼羅の思想』二〇〇五年七月）。読ませていただきました。あの中で頼富先生がされている南方曼陀羅の解釈とも、これはかなりきちんと合ってくると思います。

鶴見 あれと合わせてみると、とてもおもしろいと思うんです。

松居 つまり、いままでは、真言密教の人は南方曼陀羅というのは自分の問題としては考えてなかったんです。

鶴見 そうよ。でも頼富さんは本当に考えてくださっているんです。

松居 それで今回の資料が出てきたことで、たとえば高野山大学の奥山先生という、チベット密教の専門の方が、これはちょっと真言密教の側からもアプローチせざるをえない対象だということをおっしゃっている。確かに熊楠の曼陀羅論は独自の解釈をしているけれども、その独自の解釈のもとには真言密教の曼陀羅をかなり吸収した跡があって、それは真言密教の側からも熊楠の曼陀羅に対して分析しないといけないということになるんだと思うんです。そういう意味でも非常におもしろい資料だと言えます。

鶴見 それはどこから来てるかということを、頼富先生は、土宜法龍が胎蔵界曼陀羅と金剛界曼陀羅、そのことを最初に曼陀羅について南方に教えた。それが「物」と「心」で、それの接触するところに「事」がある。それはあの絵（本書一〇二頁、図版6参照）がまず曼陀羅として最初に出てくるわけですね。これはまだロンドンにいるころの、最初の「事不思議」という、千田さんが非常に重要視して書いておられますけれども、それを土宜法龍が金剛界と胎蔵界ということで教えたのをもってきたのだろう、そういうふうにおっしゃってました。それで私は、土宜法龍から南方への発信で、最初は南方に曼陀羅をどのように教えたのか、それがとても知りたいの。

松居　それはこの往復書簡の中にある程度ありますけれども、土宜法龍から熊楠への書簡の中で、確かに金剛界、胎蔵界に関して説明していまして、これはかなりオーソドックスな説明というふうに……。

鶴見　そうですね。最初は非常にオーソドックスなのね。

松居　それを熊楠が、ロンドンにいるあいだにいろんなことを考えながらふくらませて、那智でその成果を土宜法龍に投げかけようとしたということだと思いますね。

鶴見　そうですね。その経緯がはっきりすると、どうしてあのおかしな曼陀羅論が出てきたかということが、もっとはっきりするわけですね。

松居　そうですね。さきほどちょっと申し上げたんですけれども、土宜法龍の書簡もほとんど発見されてますので、あとは読むだけです。

鶴見　それは今度の書庫の中から発見された資料の中に入ってるわけですね。

松居　ええ。書庫から発見されたもの、それから高山寺から発見されたものを合わせると、往復書簡の形になります。

田村　こうした資料を丹念に調べまして、二人の往復の経緯をかなり細かくリストにしてみました。そうしますと、やはりまだ、存在したらしいけれども現物が見つかっていないというものもございますが、数通を除いて、かなり往復書簡の現物が確認できるようになってきました。

鶴見　それはいいわね。

松居　こういう形になりまして、こっちが南方から土宜への書簡で、こっちが土宜から南方への書簡で、この赤いのが今回、高山寺で見つかったもので、青い部分がもうすでに南方邸の書庫から発見されているものです。

これをずっと合わせていくと、ほとんど往復の形での書簡になっています。たとえば、曼陀羅のところはここですけれども、七月十八日の曼陀羅、八月十五日の……、これに対応する土宜の書簡も発見されています。

鶴見　ああ、もう発見されてるんですか。じゃあ、土宜の方から答えを出してるわけね。

田村　やりとりをしているということにはなりますが、どのぐらいかみ合っているのか、これはこれから読まないといけません。土宜の字を読むのにはまだまだ時間が必要で……。

鶴見　だけど発見されたということはすごいことね。

田村　そうですね。で、こういう対照表ができるようになったのは、一にかかって今回の高山寺資料の発見があったからで、いままでは穴だらけで、こういう表を作る元気も出ない状態でした。

鶴見 じゃあ、今度の発見はすごいことですね。

田村 はい。大変な事件です。

鶴見 ことに南方曼陀羅論についてすごい発見ですね。私、どうしてもかみ合わないから、土宜がどういうふうに考えたか、全然わからなかったんです、いままでは。

松居 それで今回はこういう発見があったところですので、だいたいざっと見て、鶴見先生にご意見をいっていただければと思っています。

鶴見 私が生きていればね。この発見がされたというので、電話がいろいろかかるのよって弟（鶴見俊輔）に言いましたら、「死なないように気をつけるんだな」って。だから死なないように気をつけようと思っています。

松居 その「死なないように」というのが、じつは非常に大きなキーワードなんです。というのは、粘菌の研究者で小野新平さんという方がいらっしゃるんですけれども、生命とは何かというと、死なないように生きていくのが生命だと。それはあたりまえのことなんですけれども、死なないように生きていくうえで、生命はいろんな形をとりうるんです。粘菌の場合には、ある時にはアメーバだったり、ある時には子実体だったりして、生命を続けていくなかでいろんな形をとっていく。これはじつは曼陀羅にも言えることで、大日如来の力が働いて、それがいろんな形で現れてくる、というのが曼陀羅ですから、小野先生はそこから熊楠が粘菌を通じて曼陀羅論に至ったのは、やはり粘菌と曼陀羅とで同じようなところがあるんだということをいっています。

生命現象に通底する曼陀羅

鶴見　なるほどね。曼陀羅というのは古代インドの思想ですね。だけどそれがいま言われているエコロジーにすごく符丁が合ってるんです。近代思想というか、近代科学の一部でしょう、エコロジーは。それが古代インドの曼陀羅思想とどうして符丁が合うのか、私、そこがいま一番知りたいところなの。だけどこれを見ると、古代インドでなぜあれが出てきたかというと、自然観察を非常に緻密にやってたということじゃないでしょうか。それはちょっと話が先へいっちゃうんですけれど。

松居　古代インドもそうですし、今回のユダヤの方も出てきましたし、ゾロアスター教の影響をユダヤのカバラは受けてますから、そういった形でどこか通底するものがあるのではないかと言えると思います。

鶴見　だから古代思想が通底するのね。そしてそれがずっと底流として近代にも流れている。それで私、このカバラ思想というんですか、それを「曼陀羅じゃ」と熊楠がいったのは、これが曼陀羅の一番大事な特徴だということをつかんで、それが同じだということをいったんだと思って、ここがすごく大事だと思うんです。つまり、熊楠は「曼陀羅とは何だ」という定義をしてないのよ、どこにも。実際に、異なるものが出会う萃点《すいてん》というものを設定して、異なるものがつねに流動しながら形を変えていく、そのありさまが曼陀羅だということを絵に描いているんですね。だけど曼陀羅の定義をどこにもしてないのよ。それで私はこれを見て、なんで「曼陀羅じゃ」といったのかというところを知りたいの。そうすると熊楠が、これにも曼陀羅がある、ここにも曼陀羅があるというときに、何を共通項として考えたのか。その原点が、いまおっしゃいましたように、粘菌、変形菌の中にあるというと、かなりわかってくるんじゃないかしら、何が曼陀羅であるということが。

松居　今回の発見で非常にショックを受けたのは、熊楠はどうやら粘菌そのものが曼陀羅だといっていることです。これは本当に驚きで、こういうふうに自然の生命の世界が曼陀羅だといってしまえば、当然、ユダヤのものだって、古代インドであれ、チベットであれ、あるいは現代であれ、すべてのものを曼陀羅として解釈しうるということです。

鶴見　通底するんです、生命の現象ということになって。私、ここがすごくおもしろいと思うの。それでいま思い出したんですけれども、明日はここへもってまいりますけれども、田中武さんという人はグラフィック・デザイナーなんです。去年のある日、突然——知らない人なんですよ——訪ねてきて、私は先に約束なしで訪ねてくる方にめったに会わないんです。だけど何か大きなものを持って、これをあなたにあげたいといって持って来られた方ですというから、これはそれを見なきゃならないなと思って、部屋にお通ししたの。そして「あなたは何をなさる方ですか」といったら、「グラフィック・デザイナーです」。そんな大きなもの、私、部屋の中へかけられないし、困ったことだなあと思っていたら、中から版画を出したんです。はっと見たら、棟方志功、「あなた、棟方志功ですか、これは」っていったら、「よくそう言われますけれども、これは棟方志功ではなくて、南方熊楠です」って。(本書カバー画参照)

南方熊楠がまん中にいるの。そして回りに粘菌がずっと生えてる。原野のまん中に彼が裸で、かわいい顔をしてるのよ、まるで男の子みたいなの。腕を組んで、ぎゅっと座って、そして頭の上にこのおかしな、いたずら描きの絵が頭の中に……。つまり、「彼は粘菌の生えてる原野に座って、曼陀羅を考えたんです。そういう図を作ってみました」って。私、それを部屋に掲げて毎日見てるの。ああ、これだな。よくぞこの人は捕まえたなと思ってね。明日見てください。だから直観的にそういうふうに芸術家が考えて、そこから造形したものなんですよ。それが正しいんだな。私はどうしても粘菌だと思う。

それから私、たびたび引くんだけれど、イリヤ・プリゴジン(化学者・物理学者)が「私のカオス理論は生物学のお世話になっています」といったでしょう、NHKの番組で。そうしたら対談相手の中村桂子さん(JT生命誌研究館館長)が「えっ、何ですか」っていったら、「粘菌ですよ」って。私、飛び上がっちゃったのよ。「粘菌を見てるとカオスとコスモスがいっしょにあるんですよ」。それよ。

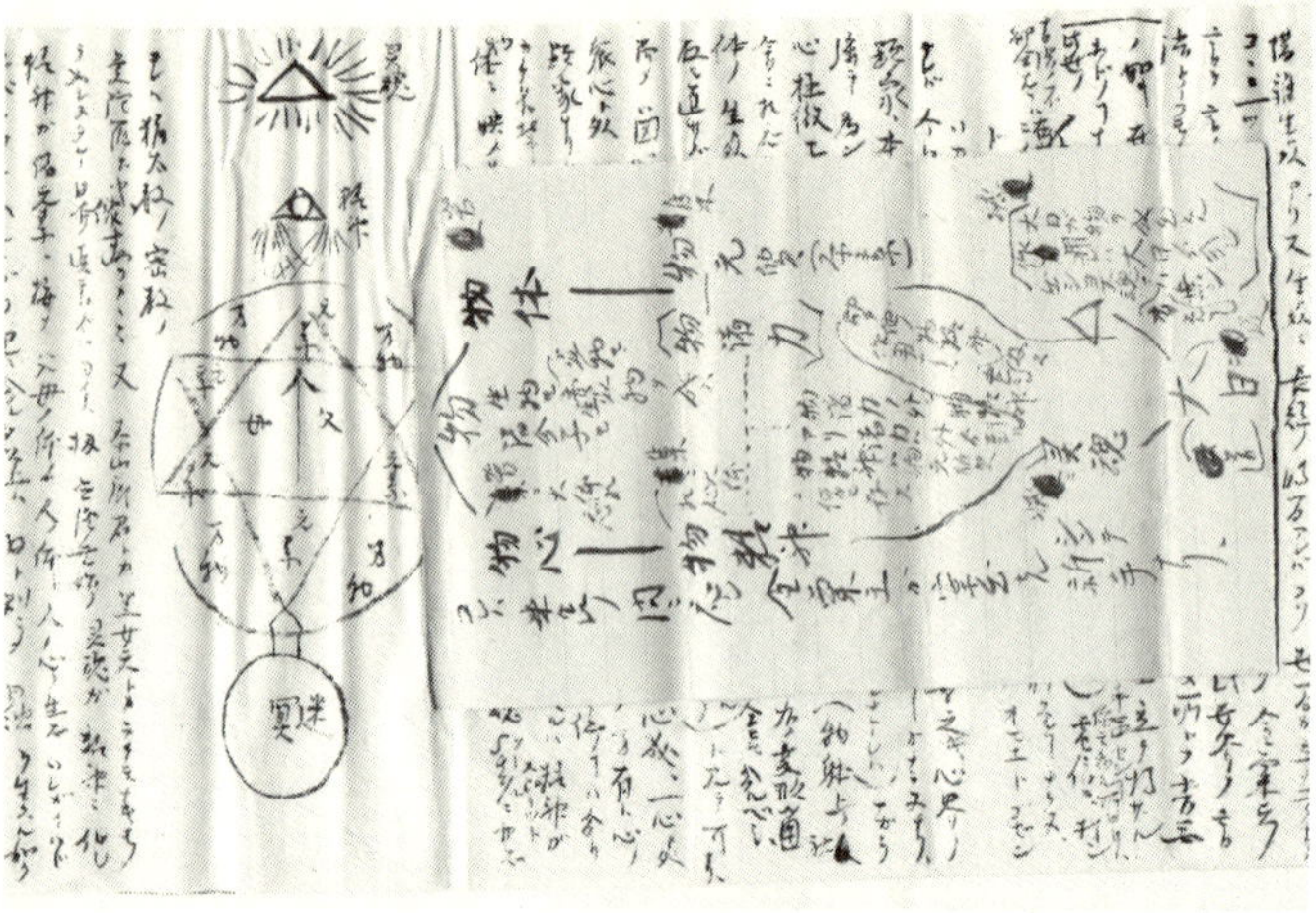

図版５　カバラの護符（図の左部の✡の部分）

松居　まさにいまのことですね。

鶴見　まさにそれなのよ。やっぱりカオスとコスモスがいっしょにあるということなの。いまおっしゃったこと、まさにそのとおり。だからあそこは大事ね。で、カバラ思想というのは、一体、そういうことをいってるんですか。

松居　そこは一番聞かれたくなかったんです（笑）。

鶴見　いや、私は、きょうはぜひカバラ思想というのを聞きたいと思ったの。

松居　そこはじつはにわか勉強したんですけれども、あまりよくわからなかったところで。ただ、似たような図というのは、カバラのこれは護符ですけれども、こういうものがあります。

鶴見　そういう絵があるんですか。

松居　はい。絵があるんです（**図版5**）。ですからおそらく熊楠の描いているこれも、かなりもとをたどれる感じがするんです。

鶴見　それを大英博物館で見たのね。

松居　大英博物館の可能性が高いと思います、この時期であれば。これは邪視を避けるための護符なんですけれども、熊楠は邪視の研究とか、マンドレークの研究をしてますから、そういうものの文献探索などのなかで、ユダヤのカバラの図などを見たのではないかと、いまは推測しています。*

*南方はブラヴァツキー『ベールをとったイシス（Isis Unveiled）』で眼にした可能性を指摘する論文が、『高山寺蔵南方熊楠書翰』の刊行後発表された（橋爪博幸「南方熊楠と現世肯定——新出の土宜法龍宛書簡に見られる「物」と「心」」『文明と哲学』三号、二〇一〇年、一三八—一四九頁）。

生と死との共存

鶴見　いやあ、私、すごくおもしろいと思った。というのは、粘菌が生えてきたから、ああ、粘菌が生きてると思うと、それは死んでるんだ、と。そしてまたベロベロと痰みたいなものになると、死んじゃったと思うけれど、その時にこそ生きてるんだ、と。あそこのあの描写がすごくおもしろいと思う。それが曼陀羅だと考えたのね。

松居　そうですね。どうもそう読めますね。

鶴見　それで思い出したんですけれど、私は藤原さんのお導きで、多田富雄先生（免疫学者）と対談することになっていたのに、あちらが倒れられて、往復書簡になった（『邂逅』二〇〇三年五月）。それで多田先生のお書きになったものを、よくわからないんですけれども、一生懸命になって読んだ。そうしたらこれと同じことが出てるの。大変たくさんの細胞からなっている人間の体の中に、死んだ細胞がゴロゴロいるんです。それで生きた細胞と格闘して、生きた細胞が死んだ細胞を処理する。そういう話が出てくるので、ああ、これは免疫学とも通じるんだなと。

松居　実際、まったく同じことを熊楠は書いていて、粘菌の中でも細胞の生と死とがあるが、人間の血球もそうだと。人間の血球も心臓から出された瞬間に、死んだ血球と生きてる血球があって、その両方が体をめぐっているというようなことを書いていますね。だからまったく同じことを書いていますね。

鶴見　似てるわね。だから生と死がいつでも戦っているわけね。

松居　戦ってるというか、共存してるんです。

鶴見　共存しながら処理してるのね。つまり、死を処理する機能が体の中で働いているうちは生きてるのね。

松居　ただ、熊楠が言いたいのは、人間の死もやっぱりそういうものの流れのなかに存在していて、これだけ生命の世界が全部つながっているからには、人間の死というものもけっして無になるわけではなくて、全体の生命の世界とつながったなかで、粘菌の中の死んだ部分のように働いているんだということだと思います。

雲藤　その話は一九〇二年三月二十五日付書簡のところにあります。ちょっと読みますと、「最微分子の死は微分子の生の幾分、または全体を助ける。微分子の死は分子の生の幾分、または全体を助け」

というような言い方をしているんです。だから生物学でいうアポトーシス、生を生かすための死みたいな、ああいう発想がけっこう出ているので、ここはすごくおもしろいなと思うんです。

田村　ここは、この時期に書いた何通かの書簡で、くり返し同じような議論をしているところだと思うんです。個と全体という議論ですね。

松居　ただ、それは昔の全体主義みたいに、全体を生かすためには個は死んだ方がいいという議論とは違うんですね。

雲藤　ああ、それとは違うんです。そうではないです。さきほどいったアポトーシスみたいな部分として、生命を生かすための死という感じですね。

松居　あと、もう一つおもしろいと思ったのは、短い文章なんですけれど、「また医者などによると死と生ほど分かち難きものはなしと呆れかける。ゆえに生死の境は善にして、なるものにして、けっして人体も死に、分子も死すというにあらず」という、人間の中にも生と死の分子がつねに存在してるし、人間の生と死というのも、その生命の世界の生と死のなかに共存しているというような、そういうとらえ方だと思うんです。

鶴見　だから個体の中にも細胞の生と死があるし、個体間の中にも生死が、宇宙のなかに共存する。

松居　そういう考え方ですね。それでちょっと話を進めますと、ここは一九〇三年夏の南方曼陀羅と、曼陀羅という同じ言葉は使っているんですけれども、少しずれた相のことを書いているかなと。連続はしていますけれども、翌年に書かれる南方曼陀羅とは、テーマがちょっとずれてるかなという感じがします。

鶴見　そう。

南方曼陀羅と科学方法論とのミッシング・リンクス

松居　ですから一九〇二年三月に、こういう生と死の問題に関する山があって、その後また一九〇三年七月から八月の、今度は科学との、「偶然」と熊楠が書いているような……。

鶴見　そう。だから私は偶然と必然ということを、科学史の方法論の中に位置づけると非常におもしろいということを書いたんだけれど、それだけじゃないわけよね。生と死の問題なのね。それがじつは基本にあるわけね。

松居　そうですね。そこが本当におもしろい。いままで南方曼陀羅を仏教関係の人に見せると、おもしろいけど理知的すぎると。宗教というのは本当は生と死の問題、これが一番重要な問題で、これを仏教は説いていたのに、熊楠の曼陀羅は科学と合わせて非常に理知的で、おもしろいけれど仏教の範囲ではないと言われていたんですけれども、これを入れると……。

鶴見　これは宗教の問題ね。

松居　宗教の問題ですから、真言関係の人も、これをふまえると、これは真言密教でも南方曼陀羅をやらないといけないというふうになるんだと思います。

鶴見　でも、むしろこの生と死の問題は、土宜法龍の感化を非常に強く受けてるということじゃないかしら。それを基本として、今度は自分の対象である粘菌について見ると、生と死の問題ということから、科学の問題にどうしてそこから飛躍するのか。

雲藤　ぼくもまだよくわからないんですけれども、この生と死の関係も、これは土宜法龍からの質問に受け答えるという形で出てきてるものですね。そうすると科学モデルも、もしかして土宜法龍の問いがあるので、それに対して彼は答えていって、その二者のなかに、彼はモデルで物事を考えるので、そういう一貫したものが何か見えてきたような気がするんです。ただ、それは実際に土宜法龍の書簡を見ないと、本当はまだなんとも言えないんですけれども。

鶴見　バラバラにすると、突如の飛躍でしょう。だからどうして結びつくかということね。

松居　結局、さっきだいぶわかってきたと申し上げたんですけれど、わからないこともまだたくさんありまして……（笑）。

鶴見　そうそう、ミッシング・リンクスがたくさん……。

田村　ミッシング・リンクは普通、このピースが埋まればつながると予想できるものなんですけれども、もっとずっと大きなラクーナだったと思うんです。問題の存在自体に私どもが気がついてもいなかったような大問題を、この資料はいくつも提起してると思います。

鶴見　そうね。これがあって科学方法論があるということは、このギャップをどうやって埋めるか。

雲藤　もう少し往復書簡をきちんと取り上げて、精読しないと。でも精読すると出てくるかもしれないですね。

田村　見えてなかっただけで……。

鶴見　そう、見えてなかっただけでね。ちゃんと意図があるんだわ。

田村　その可能性もあります。でも、なんといいましても、土宜の書いた書簡が南方邸にまだ手つかずの状態で眠っておりますから。

鶴見　ああ、南方邸にまだあるの。

田村　多数ございます。これは今回の発見によって価値が変わってしまったもののもう一つの例です。いままでは、組み合わせになる熊楠の書簡が見えていませんでしたので、いずれ読まなきゃいけないという以上の切実さがありませんでした。でもこの高山寺書簡の発見があり、それを踏まえた対照表ができて、二人のやりとりがかなりわかるようになってきますと、俄然重大なものになってきます。

鶴見　そうだ。やっぱり対話のなかで展開があったのよね。
田村　逆にいいますと、いままでそういう価値に私どもは気づいていませんでしたので、読むという努力を怠っておりました。突然、いま大事なものになりまして……。
鶴見　いやあ、すごいすごい。

心と物と事

松居　それでこういう曼陀羅にしても、いま真言密教の立場からということをいったんですけれども、いろんな角度から読めるし、いろんな角度から読むことによって、また見えなかった部分が明らかになってくると思うんです。
それでは、今回のメンバーの紹介の方にそろそろ移りたいと思います。まず千田智子さんから。私は千田さんの書かれたものの中でおもしろかったのは、「事の学」とか南方曼陀羅を身体論というふうに読み替えられていて、人間が自然に入っていくことで、そこで「事」というのが起こって、「事」が起こるから、さらに意味がどんどん変わってくるんだというようなことを……。
鶴見　そうそう、発展していくという。
松居　そのあたりのところを説明していただこうと思っていますけれども……。
千田　ですから、いまおっしゃられていたことと非常に類似していて、たぶんロンドン時代に

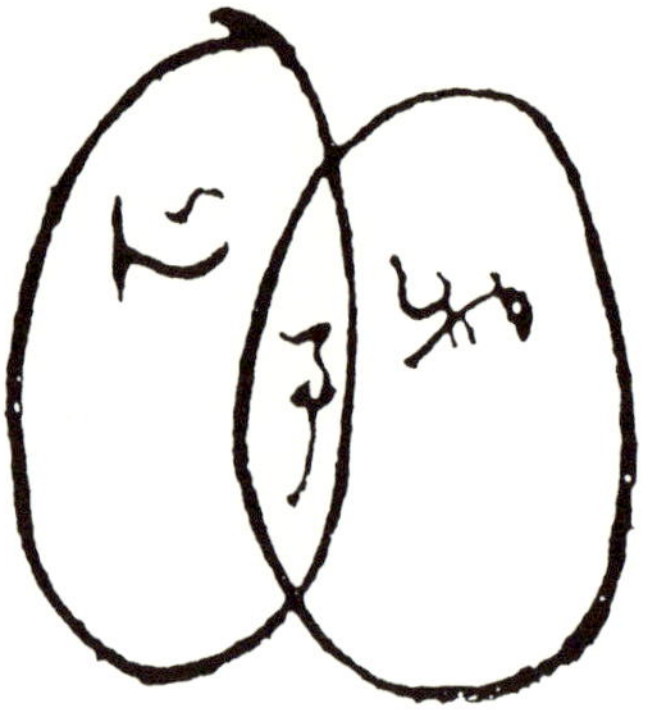

図版6　1893年12月21日付土宜法龍宛書翰より

「心」と「物」というものを考えたときに……。

鶴見　そうそう。あの図（**図版6**）を描いたんですね。

千田　はい。「事」に関しての記述が生まれたときには、すでに彼は生命というもの、生と死という問題を踏まえていたのではないか、と私は理解しています。

鶴見　「物」と「心」の関係を。

千田　ええ。私が熊楠に関する著作を出版したのは、もちろん、いま翻字・解読されつつある曼陀羅が見つかってなかった時点ですけれども、いわゆる「事の学」について書いていた時点で、それはイコール生命のありようだと熊楠は認識していただろうという、まあ半分は直観のようなものがありました。このスタート地点からいわゆる南方曼陀羅に続いていく思想が生まれていたんだと考えていたわけです。「事」というものが「縁」や「起」に変わる時、これこそが生命論だと私は思ったんです。「因果」にある出来事が竄入《ざんにゅう》して、そこにまた新たな出来事が生まれる。これが「起」であるということを彼はいっています。これは仏教の縁起思想をふまえたものであるんだけれども、そういう認識は、生命のありようを見ているなかで熊楠が確かな感触として捉えたものではないかなと思ったんです。

鶴見　それは粘菌ですか、生命のありようというのは。

千田　いえ。もちろん一番象徴的にあらわしているのが粘菌だと熊楠は考えていたと思いますけれども、森羅万象について彼は敷衍して考えていたのだと思うんです。だから、さきほどの小さい死が大きい生を助け、さらに全体としての生を助けている、というお話は、個人的に非常に興味深い部分です。

「事」という「物」と「心」の交差という点に話を戻すと、ある特定の対象からモデルを抽出するというのは、ある意味で科学者の仕事です。ですが同時に、熊楠は、粘菌をひっくるめた世界の触感というのか……それを丸ごと呑み込んで、世界を記述しようとしていた。その方法を模索していた。さらに民俗学者としての側面も、その一環だと私は考えています。

それを説明するために、私は「心」と「物」ということを、精神と空間ということに置き換えて考えました。単純化すれば、「心」が精神で、「物」が空間。それらが出会うことによって「事」が生まれるというふうに考えると、熊野の空間の中には、もちろん多種多様な自然環境と、歴史・宗教を含めた精神性が、渾然一体となって溢れているわけです。とくに熊楠は、その精神と空間との出会いからくる摩擦熱のようなものを、もう命がけで欲しているという印象を受けます。もうちょっと時代が下って、那智のころの話になりますけれども、日記をつけていますね。メモのようなものですけれども。それを見てみると、植物採集が目的ではありますが、それに夢中になるあまり、「絶壁」だの、そのすぐ下は「瀑布」だのと、ちょっと足を滑らせたら死んじゃいますよ、というような危険極まりない毎日の連続で……。

鶴見　そうよ。夜中に帰れなくなるの、道を迷って。

千田　道を迷ってわからなくなったとか、なんとかよじ登って帰れたとか、そういう記述がいくつも出てきて、これはまさに彼が体ごと使ってものを考えていたということを表しているなと思っていたんです。その経験というのは、その日記は那智のところでしたけれども、キューバとか、そこらへんに行っているときからの積み重ねでしたでしょう。つまりはそういう熊楠の生々しい実感がもとになってはじめて、「心」と「物」がまじわって「事」が生まれるという抽象化に結びつく。人間が体そのものを使って自然のなかに埋没したり、ぶつかりあったりすることで、何か出来事が生まれる。そういった出来事というのは、因縁の力によって説明することができる。因縁の力と、その連なりによって、森羅万象と人間のつながりというものを全体的に捉えていたのではないかと私は考えました。

萃点での実体験

千田　それで最後に、いわゆる南方曼陀羅についても、やっぱりこれは生命の問題ではないかと。生命のありかた、その全体としての世界のありかたを考えるにあたって、科学的価値観と仏教的価値観の統合という道筋をとったのではないかと考えました。また、萃点の重要性は鶴見先生が十分に明るみにされていますが、私はその重要性を、「心」と「物」が非常に運命的な出会いをした点、そういう人間と物界（自然）との一番の可能性を示した点というふうに捉え直したのです。だから熊楠は、精神と自然というものを抽象的な次元ではなくて、具体的な次元で考えていた、すくなくともそういう認識がもとにあったと考えています。私はだから南方熊楠は唯物論者だといってはばからないところがあるんです。それはなぜかというと、いわゆる南方曼陀羅は思弁的で理知的なものではありますけれども、その一番核になっている萃点というところでは……。

鶴見　実体験ね。

千田　はい。実体験がもとになっている。そういう運命的な自然と人間の精神との出会いというものがあって、それを手がかりに世界の全体をうかがい知ることができる。だからこそ彼はあれを曼陀羅だと言ったと思うんです。

松居　まるでこの曼陀羅の絵のようですね。

鶴見　あれを持ってきてくださったのね。これなのよ、田中武さんのは。これ、すごいでしょう。私、もううれしくてうれしくて、毎日、拝んでいるの。

松居　その前にあるのが粘菌なんですか。

鶴見　そうなの。座ってるまわりに生えているのが粘菌なの。ああいうふうにしてひらめいた瞬間をとらえたんです。

松居　いま千田さんが話したことを絵にしたら、そんな感じかなと（笑）。

鶴見　そうね。

千田　それに関連して言いますと、私はいま芸大で研究員をやっているんですけれども、私はこういう、南方のいう萃点のようなところをつかまえた芸術というのをだれかやってくれる子はいないかなという期待があって。

鶴見　田中武さんです。その人は時々手紙をくれる。滋賀県の琵琶湖のほとりに住んでるの。

千田　私は南方熊楠の思想をやっているくせに、なぜ芸大に行ったかというと、南方の核心をつかまえるのは、たぶん芸術だろうと思ったんです。それはもちろん、いろんなアプローチの仕方がありますけれども、人と自然の世界のありようというのを直観的につかまえるのは、たぶん芸術家の方が得意じゃないのかなと思ったんです。それであえてそういう世界に飛びこんでみたんですけれども、その可能性はちょっとまだよくわかりませんが……。

萃点での一体化

松居　千田さんが最後の方にいった萃点のことなんですけれども、あの曼陀羅で大事なのは、熊楠が「これは人間から見た像だよ」ということを何度も書いてることだと思うんです。人間から見たときに世界を把握するポイントとなるのが萃点だと書いているので、先生は萃点移動ということを、前回お話ししたときに何度もおっしゃった。あれからずっとそのことを考えていたんですが、この図そのものが別の視点も当然ありうる。別の視点からは別の萃点があるということを書いていて、ただ観察者としての人間から世界を見たときにポイントとなるのは萃点だよと書いている。そこが非常に重要だと思います。千田さんがいまいっていたことというのも、そういう「心」の問題というのが、あの図だけを見てると、解釈として出てきにくいんだけれども、そういう人間の心からふれた世界の像というのがあれであるということで解釈すると、いまの後半の部分は私は非常によくわかるような気がしました。

鶴見　そうですね。だけど、私、萃点ということを考えてみると、南方は萃点というのをとらえたのはすばらしいけれど、どうして萃点の中で異なるものが格闘しあう、あるいは融合しあう、そうしてそこからまた流れ出していくという、その格闘あるいは融合の場で何が起こるかを書かなかったの。それが萃点ということを神秘的にしてる。それを、いまおっしゃったように、身体体験、つまり悟りの瞬間、宗教的にいえば如来ですね、菩薩が如来になる瞬間、そのことだと考えるのがいいのかしら。「秘密儀」というのが出てきたんで驚いた。あれはさとりの瞬間ですね。そうでしょう。さとりの瞬間に起こる心の状態でしょう。つまり一体になるのよ。おおいなる生命と微小宇宙である個体とが、ほんとに一体になる。言葉のうえだけじゃなくて、私は病気になってからそれを何回も感じてるの。だから私は菩薩から如来に近づいていると思うの。死んだらほんとに如来になるのよ。涅槃というのは、自然と自分がほんとに一体化したもの。それが死なの。だから最高の状態なのよ。そうでしょう。死ぬということは、人間として最高のハレなのよ。

私が朝日賞をもらった時(二〇〇一年一月)、「私、あれはハレだけどまだハレがあると思う」といったら、俊輔が、「お前、また賞を取りたいのか」といったから、「ばかやろう」っていったの。「死ぬことよ」っていったら、「ああ、そうか」って。そうよ、そうでしょう。ほんとにこの中に入っちゃうのよ。それはすばらしいことなのよ。

千田 だから秘密儀とか萃点だとか、そういったことは、もちろん一方では、それは非常に重要な奇蹟のようなことではあるんですけれども、しかし、森羅万象のなかでそれはたくさん……。

鶴見 あるのよ。しょっちゅうあるのよ。

千田 しょっちゅうあるんだということも、また事実だと。

鶴見 そうよ。だけどその個体にとってはすばらしい。

千田 そうです。個体にとってはほんとにすばらしい。それをいくつもいくつも抱えているのが森羅万象であって、すなわち世界そのものであり、曼陀羅であると。

鶴見 それは私、よくわかった。だから結局、曼陀羅というのは、生命の流れをとらえたものだということになるわけね。

千田 そうですね。生も死もひっくるめた、生命に対する大いなる肯定という性質が、熊楠の世界観の前提にあって、それが曼陀羅というかたちで現出したように思います。

鶴見 あなたのを読んで、それは私、ハッとわかったの。ところが、わかったけれど、そこから偶然性と必然性という科学のモデルには、やっぱり飛躍があるのよ。ここをどう埋めるか、なのよ。これがこれから皆さまにお願い申すところでございます。

松居　結局、熊楠が対話していた対象というのがあって、それは同時代のイギリスの科学者であり民俗学者であり、そういう学者たちの世界であって、一方では土宜法龍との対話のなかでは仏教との対話で、つねにそこの部分をなんとか埋めようとしているわけですね。一方で、生死の問題を語って、だけどこれではヨーロッパの科学者にもっていけないと思うと、後の方のあの曼陀羅なんかが出てきて、じゃあ、偶然というアプローチであれば彼らはわかるだろうと。だからそこはかなり熊楠は相手を考えながら……。

鶴見　ああ、戦略的にね。

松居　はい。

鶴見　千田さんが書かれた、言葉にすると離れちゃう、その言葉に言えないことを言葉にするときの戦略を神社合祀反対運動では考えたって、あれもとてもおもしろかったけれど、やっぱり戦略ね。それだから私には、病気になる前は、偶然性と必然性の結び目として萃点を考えるということは非常にわかりやすかったんです。だけど、あのころわかりやすかったことは、あれは浅薄だというふうにいまは考える。いまはもっと自分が違うものになっている。つまり、死に近くなっているのよ、自分が。そうすると自然に私は近いのよ。おもむろに自然に近くなりゆくわれなの。だからいまの方が私は高みに上がってるんじゃないかな。

松居　結局、熊楠が書いているように、人間の中につねに生と死とが共存しているんだけれども、ふだんそのことに気がつかないところがあって、そういうところに気がついて、そのことを実際に自分の生命の中に組み込んでいくことで、おっしゃったようなことが見えてくるというか……。だからいまおっしゃったことでいうと、自分が生だけで成り立っていると思っている人には見えないものが、自分が死と生を内包しているということによって見えてくるというふうに解釈していいんでしょうか。

鶴見　はい、そうです。

松居　なるほど。私はどうしても頭でしか考えられないんですけれども。

言葉が身体感覚を裏切る

鶴見　私はつまり、頭だけで考えていた人なの、元気な時は。身体体験がないのよ。とても健康だったから、健康がいかなるものであれ、私には影響を与えなかったの。だから関係がなかったのよ、自然と私は。だけど病気になったら直接に関係があるの。だから私は自然の一部であることがわかるし、自然についてもいままでわからなかったことがわかるようになったの。それだから、私、南方に対する解釈も非常に知的に考えて、必然性と偶然性の出会い、あれはすごくピンときた。そしてそれが科学史の中にちゃんと位置づけられることがわかったから、もうこれだと思って、そればっかり。そしてそれを英語で書くとほんとにわかってくれるのよ。物理学者が喜んでくれるのよ。わあ、すばらしいって、ちゃんと南方熊楠をわかってくれるのよ。私もまた、職業上わかってもらわないと困るでしょう、外国の人に。だからそれでずっとやってきて、それじゃあ、足りないんじゃないかというのが、いまの疑問なの。だからこれで、私の疑問がきょうはお蔭様で解けたように思う。

千田　身体性ということで、私事をお話ししますと、私はひとに比べてすごく体が弱いんです。なので小さいころから……。

鶴見　感受性が強いんだな。

千田　そうかもしれません。だからなのかどうなのか、書くことをはじめた時に、最初は楽しくて仕方なかったのですけれども、だんだんと言語秩序というものが負担になってきたんです。

鶴見　自分を裏切る。言葉にすると自分を裏切る。

千田　そうです。自分を裏切る。自分の身体感覚を裏切っているという感覚がものすごくする。それがすごくストレスになってきました。

鶴見　それはよくわかる。あなたが書いていらっしゃるのは、つまり言語と自分の体験とが矛盾をきたす。

千田　そうなんです。そういう矛盾が熊楠にもあったのではないかと。

鶴見　そこで神社合祀反対のような激しい運動に入ったんじゃないか、そう書いていらっしゃるのね。

千田　そうですね。だから行動としては、神社合祀反対運動自体はすごく派手なものではありますけれども、私は、彼の内的世界としては逆に、あの時期は、分裂的で、非常に暗い時間ではなかったのかな、と思うのです。

鶴見　あの時、気が狂いそうになったのよ、彼は。

千田　そうですね。そういう類のエピソードはたくさん……。

鶴見　私、その話は、最初に田辺に行った時に、熊弥さんの世話をずっとしていた瀬戸物屋さんにいろいろ話を聞いたの。彼がちょうど南方家に玄関から入ってきた時に、熊楠が奥さんの上に包丁を持って乗っかって、もう殺そうというところに入って行ったの。それで自分が入っていって、びっくりさせて包丁を捨てた。そういうところの話も聞いたの。私、あの人ももう狂いそうになっていたと思うの。だからもう自分の心の中は矛盾だらけだったと思うわよ。

千田　だから熊楠の合祀反対運動というのは、身体感覚で得る内的な体験というのがまずあって、だからこそ、まさに自分の氏神が取り潰しに遭おうとしているという現実は、本当に身というか魂が削がれるような、そういう身体的な喪失感みたいなものがもとになっていると思うんです。

鶴見　ああ、あるでしょうね。

千田　ええ。でもそれだけでは、社会を動かせない。それどころか、身体感覚といった個人的で言語化しにくいものは、戦略としては上手く機能しない。だからそれをもっと一般的な言語秩序にチェンジしていかなくちゃいけない。それでわかりやすく、知識人が主だったとはいえ、全国の人に向けて、言葉を、また別個の秩序に乗っかったものに改変していかなくちゃいけない。

鶴見 それが戦略ね。

千田 そう。それが戦略でもあったし、彼には、精神的に非常に負担であっただろうと。先生がおっしゃったように、内的には矛盾だらけだったのではないかなと思っているんです。

鶴見 これは記憶力の問題だけじゃなくて、南方の脳もどこかに保存してあるというけれど、確かに癲癇《てんかん》の痕跡があるということが書かれているでしょう。私、そういう問題もずっと入ってくると思う。つまり天才と気狂いは紙一重というけれど、そういう問題があると思うわね。だから記憶力の問題と、その次に彼の精神の分析ね。そこまでいっていいかどうかわからないけれど、熊弥さんもあるでしょう。だからじつにこの人は天才ですよね。天才だけれど、つきつめて論理的な分析だけですむかというの。そういうラクーナというのはそういうことじゃない？　だけどそこにほんとに下手にメスを入れると、あの人は気狂いだからあんなことをやったんだって、そういうじつにくだらない結論にならないように。だから慎重に千田さんは書いているのよ。矛盾、矛盾って、矛盾の深まり、それでこういう行動に出たと。だからそういうことでしょう？

千田 はい。たしかに熊楠が内に抱えている矛盾というのは、ある意味においては、狂いでもあったんですね。

鶴見 狂いなのよ。

千田　けれども、狂人扱いしてしまうと、それはもうその知性を社会や言語の世界の外に放り出すことになってしまうから、評価の対象外ということにもなりかねない。

鶴見　そういうこと。だからこれ、とってもむずかしいのよ。ここまで南方研究が進んできて、そういう問題に立ち入ってくると、すごくむずかしいわね。つまり、論理的に切れるところまで切ることはできるのよ。そしておもしろいのよ。おもしろいからどんどんやっていくけれど、切れないところへきた時に、ラクーナとして残しておくのか、どうするのかという処理が、私、南方の場合、すごくむずかしくなるなと思うの。

松居　でも今回見つかった資料のように、切れないラクーナの部分が逆に大事だったということがわかるということがありますから、いままで切れていた部分というのが、また全部それで組み替えられなければいけないということもでてきたわけです。ただそれは、千田さんもいったように熊楠が変わった人だから、変わった人としてやればいいということじゃなくて、できるだけ真摯に対応していって、一つ一つ切り分けていくところで、どこか切れないところが出てくる。そしてそこが大事なところだとわかって、また全部組み替えになるという、そのくり返しが大事ですね。

鶴見　だからできるだけ論理的に切っていく。そこが大事なのよ。大事だけど、きっと飛躍があるのよ。

松居　もちろん、論理で全部が切りつくせるかというと……。

鶴見　できない。

死に直面した思想

雲藤　いままでのお話を聞いて、死に対面された先生がわかってくるというようなことをおっしゃっていたけれども、熊楠自身がこういう曼陀羅の論を展開したということは、彼自身も早い段階で生と死について何か直面していた、そういうことは何回かあったのかもしれません。

鶴見　千田さんがおっしゃったように、日記の中に書かれている粘菌とか隠花植物の収集のために、熊楠は、熊野の奥へ奥へと入り込んだ。私、そこへ行ったのよ。自分で実際歩いてみたの。そうしたら道がないのよ。で、川があって橋がないのよ。そこを南方は草鞋を履いて歩いた。南方が歩いたのは獣道よ。そして橋のない川をビシャビシャと草鞋を履いて歩いたの。だから日が暮れてくると、西も東も全然わからないわよ。だからそういう生死の体験をうんとしてるのよ。

田村　もっと若いころの、予備門時代の癲癇の時も、あれはいままで思われていた以上に深刻で、熊楠にとってみると、予備門の時にこのまま自分は狂ってしまうかもしれない、あるいは廃人になってしまうかもしれないという、そういう死と直面したような思いが若い時からあって、アメリカ時代、ロンドン時代、那智時代と続いていたんじゃないかと。最近、牧田健史さんというロンドンにいらっしゃる方が、『熊楠研究』に論文を書かれていて、熊楠は生死のあいだを漂泊していたんだという問題提起があります。

鶴見　私、あると思うね。

千田　それはすごくわかります。熊楠をあれだけ深い世界の洞察に駆り立てたのは、死と隣り合わせにあるような、ある意味で非常に切迫した知性だと思います。

鶴見　これは後藤新平（祖父）でもあるのよ。あれも気狂いよ、後藤新平も。いや、ほんとよ。だから私も自分が気狂いになるんじゃないかということを、いつでも考えていたわよ。もうこういう病気になったら、すでに気狂いになったと同じだから、これ以上気狂いになることはない。これ以上はもう死ぬしかないと思っているから、生死の問題はとっても重要だけど、やっぱりそれがあると思うの。

雲藤　鶴見先生もすごい著作を残されている、南方熊楠も量的に膨大な著作を残している。何かそういう話を聞いていると、死というものを意識しながら生きていく。本当は結果的に、熊楠は七十五歳まで生きたんですけれども、絶えず自分は残り時間が少ないんじゃないかと思って彼は生きていたと思うんです。

鶴見　そうよ。毎晩、明日の朝、目が開くかなと思ってる。だって、これでバタンと私が倒れちゃえば、それで死ぬわよ、今度は。そうよ、いつでも死と直面してる。

雲藤　そうすると、時間がある時は著作をしようとか、何か思考して考えたものを残そうとかというようなことは、たぶん熊楠はしていた。だからあれだけの量が書けたんじゃないかというように思えるんです。

鶴見　いや、すごい集中力だものね、書いているのは。あんな集中力をとてもふつうはもてないけれど……。次の瞬間に足がすべって谷底に落ちて死ぬかもしれないと思えば、集中できるのよ。

だからどこまで踏みこむかよね。わからないところはわからないで、ミッシングリンクとして残しておいた方が安全かもしれないと思う。何しろこれだけのことをやったんだからすごいのよ。だから論理的に分析できるぎりぎりのところまで論理的にやるということを、これからの研究者はやっていただきたい。それ以上やったら、もしかしたら崖から落ちちゃうかもしれない（笑）。ほんとよ。

松居　でも崖から落ちたら、またそこに新しい世界があるというのも熊楠の教えのような気がするんですけれども。

鶴見　私はあると思う。自分が倒れてのちの世界というのは、すごくすばらしい。だから、倒れてよかったと思ってる。あのままでいけば、私はただギリギリと論理的に追究するだけで終わったのよ。そうしたら全然バラバラよ。統一できなくなっちゃうわよ。それをこんなバラバラな世界を統一するというのは、やっぱりこれは秘密儀よ。秘密儀がなければ統一できないわよ、こんなバラバラな世界を。

田村　実際、直観によって先生が一歩踏み出された議論に、まるであとから事実がついてくるように、こういう書簡が出現してきましたので、非常に説得力があります。

鶴見　いや、自分でいろいろ反省してますよ。いままでの自分が足りなかったところを。つまり、死ぬ前にこういう生死の境という境目の時間がもらえる人と、もらえないでパッと切れちゃう人とあるでしょう。もらえる人は、これをなるべく死なないで一生懸命保って、苦しいけれど、ここへきて、ここの体験をどうやって学問に押しこんでいけるか。熊楠はそういう自分との戦いをずっとやってたと思いますね、千田さんがおっしゃるように。

2　熊楠とエコロジー思想

ニュートン力学と宗教

鶴見　もう一つうかがいたいことは、さっきのユダヤ思想。「これはユダヤの密教の曼陀羅じゃ」についてはは一応説明していただいたんですけれども、そうしますと、一九〇三年八月の線描き曼陀羅、あれについて、これは何回も熊楠がいってることだけれど、ニュートン力学が最高の科学の方法論だと言われているけれど、これよりも仏教の曼陀羅、つまり「因」に「縁」を入れる。「因」は因果律でよろしい、「縁」は偶然性である。そういうふうに解釈して、「因果律だけに集中しているニュートン力学の方法論よりも、偶然性というものと必然性とを同時にとらまえる方法論をとらえた仏教の方が、一つ上の科学の方法論であるぞよ。お前さんはそれを僧侶であるのに、そこがわからんじゃだめだぞ」といってるわけでしょう。そのことはどうなるかということなの。

もしも、曼陀羅はあらゆるところに発見できる。ユダヤ教だって密教にはそれがある、というふうにいっていけば、「それが仏教のいいところなんだぞ」とは言い切れないでしょう。ユダヤ教というのはキリスト教に影響を与えてます。キリスト教はそこから出てきたんでしょう。そしてキリスト教の論理学というのは、やっぱり必然性論ですよね。正か否か、二元論ですね。そして直線、単系発展です。それよりも仏教の方が複雑系を分析するのに適当な方法論であるということを一生懸命、土宜法龍に向かって説いて、だから「もっと勉強せい」といって、英語の本をどんどん送るわけでしょう。そこのところが、どうなるのかというのが、ちょっと私、疑わしくなった。

松居　たぶん一人ずつお答えしてもいいかなと思うんですけれども、極論的にいうと、熊楠は仏教にそういう意味の関心はなかったと思います。土宜法龍は仏教をどうやっていくか、仏教という教団が西洋に伍してやっていくにはどうしたらいいかということを考えていたので、その文脈に沿って熊楠は仏教はこうしろということを言いつづけていましたけれども、熊楠自身は、土宜法龍ほどには仏教が特権的な、思想の高度なものだというふうに考えていたかどうかはわからないと思います。熊楠は初期のころでも、ユダヤ教のことも話せば、キリスト教のことも話をするし、イスラム教にも関心があったし、その中の一つとしての仏教という意識もあった。当然、仏教は幼いころから親しんでいたし、その意味でよく知っているし、その中にたくさんのヒントがあると思っていましたけれども、だからといって自分の研究を仏教のためにしているのではなくて、仏教からヒントを借りて自分の哲学をつくろうとしていたので、その中で土宜に合わせられる部分は土宜をアジテートするような形でやっていた。多少極論かもしれませんが、そう思います。

鶴見　そうそう。アジテーションですよね、一種の。なるほど、それは確かに。

田村　その反対の方の極論をするとすれば、熊楠は確かに世界の大宗教それぞれに均等の好奇心をもって勉強していた気配はあるんですけれども、その中で真言宗への入れこみ方は、私は、やはりほかとは違うという感触をもつようになりました。『熊楠研究』の最新号（七号、二〇〇五年三月刊）に、未紹介だった熊楠の土宜宛書簡三通が掲載されました。これは雲藤さんを交えて東京で行っている研究会、飯倉照平先生（東京都立大名誉教授）にも毎回来ていただいている、「南方熊楠翻字の会」という研究会がありまして、そこで一年前に読んだものでした。これは南方邸にあって、まだ活字になっていなかったというので、私たちとしては、存在しているのにまだ活字になっていないものが残っているからというつもりで、今回用意してきたんですが、ところがそのあとで高山寺資料の大発見があったというような経緯だったんですけれども、今回発表した南方邸書簡の中でも、土宜に対して真言密教の哲理を語り、これが西洋の物理学の世界との最新のものと結びつくんだという、いわばプレゼンテーションをしようと努力しているなかで、真言宗を指して「吾が宗意は（…）貴意と同一なり」というような表現をしていたりしまして、その表現にわれわれが驚くことがあったんです。

熊楠は『ネイチャー』をなめるように読んだ

鶴見　だけど、あのころの科学史は、量子力学が実際に形成されるのが一九二〇年代でしょう。その前に統計力学というのがありますね。あれぐらいからずっと関心をもって見ると、偶然性というのをどうしてもつかまえなくちゃならないというのがチョコチョコ出てるんです。熊楠はそういうのをちゃんと察知して、あれを出していると、そういうふうに思うんです。で、熊楠はそれを公けの論文にしなかったでしょう。それはあまりにニュートン力学の必然性、因果律の法則が強くパラダイムとして行き渡っているために遠慮したんだと思うんです。たとえ熊楠にしても怖かったんだと思うんです。ところが熊楠よりちょっと先に、そのことをちゃんといってる哲学者がいるんです。チャールズ・サンダース・パースです。"The Doctrine of Necessity Examined"（「必然性の教説再考」1892）、*Chance, Love, and Logic*（『偶然・愛・論理』）の中にありますけれども、あれが必然性論の再検討を世界中で一番早く言った人よ。ところが、熊楠はチャールズ・サンダース・パースなんて読んでないでしょう。

田村　ええ、出会いはなかったでしょうね。

鶴見　書庫にないでしょう。ばかにしてたの。アメリカなんて学問はだめだといって、ばかにしすぎたのよ。だけどソローだけは読んでいたのね。そこが不思議なのよ。ニューイングランドでしょう。パースにしたって、ソローにしたって、エマソンだってみんなニューイングランド……、どうしてニューイングランドを全然見なかったかということが私、不思議なのよ。だけどイギリスにいれば、そういう科学史の発展ということは気がついていたから、それをあそこでいったんだと。そしてちゃんと符合してる。その後の二〇年代の物理学の発展ということから考えれば、ちゃんと合ってるんです。だから私はあれはすごいと思ってるんですけれどね。

田村　今回の『熊楠研究』に掲載された土宜宛書簡は、まさに最新科学の展開を熊楠がかなりフォローしていたというか、視野に入っていたことの証拠だと考えております。

鶴見　入っていたんです。そういう形跡はちゃんとたどれますか。

田村　一九〇二年の書簡で、つまりハイゼンベルグの不確定性原理などに……。

鶴見　ハイゼンベルグは読んでるの？

田村　いえ、読んでいません。それに先立つ時期なんです。一九〇二年の書簡で、土宜に対して分子から世界が成っているということを切々と説いている箇所があります。ここはかなり物理学を知らない土宜に教えてやるという気配なんですけれども、その中で、「熱の実体は分子の不規則な運動だ」といっています。

鶴見　熱力学だ、あのころは。

田村　はい。那智にいて、熊楠は『ネイチャー』を毎号なめるように読んでいた時期ですので、物理学の最先端をたぶん意識して追いかけていたと思います。

鶴見　ああ。そうでしょう、そうでなきゃあんなことを言えるはずがないのよ。

松居　かなりアインシュタインに近いこともいってますね。その熱力学の問題で、熱の運動によって時間全体が変わるんだと。だから時間の流れというのも、場所によって当然違う時間の流れがあるはずだということも……。

鶴見　そう。だから勉強してたのよ。そうでなかったら、パッと言えるわけがないと思うの。

田村　はい、それはまちがいないと思います。そのうえでなんですが、勇み足にわれわれには見えるようなところもありまして、西洋近代の物理学でいけるところはこのへんまでで、金剛界の仏教的世界観は、さらにそれを内に取りこむような大きな世界像なんだという話を土宜にしたりして……。

鶴見　だからそれを英語で書いて出したら、カリフォルニア大学のヘンリー・スタップという理論物理学者が、とても評価してくれたの。だから私、やっぱりちゃんと勉強してあれを言ったんだというふうに思うのよ。

松居　さっきの、英語で曼陀羅のことを書こうとしたかどうかということなんですが、土宜との往復書簡で、非常にはっきり書いているところがあるんです。「よって今年中に〔曼陀羅のことを〕英文につづり、英国の一の科学雑誌へ科学者に向かいて戦端を開かんとするなり」と書いていますよ。

鶴見　ほんと？　それを発表すればよかったのよ。

松居　で、結局、書かなかったと思うんです。
田村　それは何年？
松居　これは曼陀羅のちょうど前のところで、一九〇三年の六月八日の書簡です。
鶴見　それじゃあ、もうその時にあの曼陀羅図を考えていたの。
松居　ええ、考えています。
鶴見　もったいないねえ。
田村　しかも「戦端を開かんとする」ですからね。
鶴見　そうよ。あれこそほんとに戦端……。
田村　そういったことで、大乗仏教的世界観に、熊楠はかなりこの時は入れこんでいたと。
鶴見　私、そう思う。というのは、それが根元になければ、ああいうことを考えつくはずがないのよ。それと科学史の歩みがちょうど一致するということを考えだしたのよ。すごいと思うな。
松居　もうこの時期に熊楠は科学の限界性みたいなことは、今回の高山寺資料の、ある書簡（藤原書店刊『高山寺書簡』二八番、二七七頁）の一番最後のところに書いてあって……。
田村　これはじつは断章でして、前半が切れているんですが……。つまりほかの人へ宛てた書簡の後半に、ここから先は土宜へ渡してくれと書いてるというものです。それで松居さんが明治三十五年だと推定しているものです。この一番最後です。
松居　宗教を笑うべきではないんだという文脈の中で、科学の限界をきちんと書いているんです。科学史をきちんとおさえておきながら、けっこう複眼的にものを見てるような気がします。
雲藤　つまり、「ここでは科学すらいずれも不可知を完全確性として立論し、いいかげんに勘定を合わしおるにすぎず、ゆえに地質学で地のことをわかり、天文学で天のことはわかるが、二者立会いで地球の年齢を議すればさっぱり」（同書簡）だと。つまり、ある意味でいうと、ここは地質学と天文学という二つのディシプリンができてしまって、それぞれのディシプリンとしては非常に合理的に追究してるんだけれども、その二つが合わなくなってしまっている。
松居　だから宗教は不合理であることを笑うべきではないんだみたいなことを言いたいんだと思うんです。ここのところはちょっとおもしろいなと思って……。
雲藤　ただ、やはり土宜宛書簡というのは、仏教者である土宜に対して、仏教は可能性があるんだ、お前らがんばれという、アジテーションだというのは強いと思います。
田村　それがどのぐらい仏教者にとっての問題で、どのぐらい熊楠自身の問題だったか。
鶴見　だけど、すごい勉強してたのよ、やっぱり。そうでなかったら、あんなことを思いつくはずがないと思うのよ。
松居　あと、先生がさっきおっしゃった、真言密教の曼陀羅というのが、どこまで独自なものであるかということですね。熊楠は科学よりも曼陀羅の方が上だと。そして曼陀羅を用いて科学を広げようとしたと思うんですけれども、じゃあ、本当に真言密教の曼陀羅が科学よりももっと大きな問題をズバッと解決してくれると思っているのであれば、真言密教そのものを研究したと思うんです。真言密教の曼陀羅の中にはすでにそれが書かれているということになるわけですから。でも、熊楠は真言密教の曼陀羅を研究したのではなくて……。

鶴見　そこなのよ。それがこの前の『萃点の思想』に書いた、松居さんとの対談でわかったのよ。それは上山春平さんの、どういう本をお前さん読みなさいと送ったかという論文。* そして飯倉照平さんの、大蔵経筆写以前の南方熊楠が仏教に関してどういう本を読んでいたかという論文。** あれと比べ合わせると、実際に仏教のお経を読んでそれを考えたのではなくて、欧米人が仏教をどのように見たかということを南方が考えて、そこから自分なりの仏教論を構築した。そして当時のイギリスを中心とした科学の方法論とぶつけた。だからすごくおもしろいやり方をしたのね。

*上山春平「土宜法龍宛南方熊楠書簡の新資料」、『熊楠研究』第一号、一九九九年、二一―四二頁。
**飯倉照平「南方熊楠と大蔵経――一・「田辺抜書」以前」、『熊楠研究』第一号、一九九九年、一〇九―一二四頁、及び、飯倉照平「南方熊楠と大蔵経――二・「田辺抜書」前後」、『熊楠研究』第四号、二〇〇二年、七五―九四頁。

田村　十九世紀のヨーロッパの方に土俵というか、自分が勝負する場所はあると。

鶴見　逆照射したのよ。

田村　そうですね。仏教が照らし返されてきた出発点は、やはり十九世紀ヨーロッパですね。

鶴見　だからほんとに皆さま方の研究というのは大事なのよ。私の南方論はいままで出てる南方の文献だけを読んで形づくられた。だけど、細かく往復書簡をずっと照らし合わせてくると、いろんな新しい光が当てられて。あれはだめだといって、どうぞ乗り越えてください。

エコロジー思想の先取り

鶴見　エコロジーをやりましょうよ。あれを書いた時は、エコロジーに対して私、勉強が足りなかったと思って。「エコロジーの世界観」という論文は、岩波の『講座・社会科学の方法』の「生命系の社会科学」という巻に書いたの（『鶴見和子曼荼羅VI』魂の巻、所収）。そこでうかがいたいことが一つあるの。南方書簡を見ると、川村竹治という人が前の和歌山県知事を辞めさせて、新任の県知事になった時に、川村竹治宛の書簡では「エコロギー」と書いている。これは明らかにドイツ語でヘッケルを読んだからと思うんですけれども、柳田国男宛書簡は「エコロジー」になっているんです。そうすると書庫の整理から、南方はどのようなエコロジーに関する欧米の書物を読んでいたのか、ということになるの。

田村　これについては解釈を交えずに、まず事実だけ指摘することができます。南方邸には『ジャーナル・オブ・エコロジー』という雑誌が一冊ございます。

鶴見　それはどこで出たものですか。

田村　これはイギリス、オクスフォードの教授だったタンズリーがはじめた雑誌でして、一九一九年の号になります。

鶴見　じゃあ、ずいぶん……、もう二十世紀なのね。

田村　で、エコロジーの研究史のなかでも、タンズリーの仕事は大きなエポックメイキングなもので、思想史上のエコロジーとは別に、自然科学としてのエコロジーがございますが、その意味での生態学を今日のような形にした、大きな功績をした人の一人がタンズリーでして、そのタンズリーの雑誌が南方邸にございます。熊楠の視野に入っていたというのは事実です。

鶴見　じゃあ、もう英文で読んでたわけですね。

田村　といいますか、黎明期のエコロジーという学問が成立していった過程を熊楠はきちんと追っかけていたのだと思います。

鶴見　じゃあ、ヘッケルだけ読んでたわけじゃないのね。ヘッケルは抽象論として、最初に「エコロギー」という言葉をつくった。

田村　ヘッケルが考えていたものは、今日、私どもが生態学というものと違いますので……。

鶴見　それで、私、田村さんの批判は受け入れます。これは明日、はっきり申し上げます。受け入れますけれども、私は私なりの言いたいことがあるということなの。それで熊楠がどういうところからエコロジー思想を受け取ったかということを知りたかったんです。

田村　鶴見先生の熊楠論を直接の先行研究とする拙論*では、ぶしつけな批判を申し上げた箇所がございました。しかし、そこはまだまだ謎が多うございます。といいますのは、いま申しました雑誌もそうですが、エコロジーという学問の確立は、日本の暦では大正に入ってからのものです。熊楠の思想形成とか、熊楠の活動の盛期はそれに先立っているという問題があります。明治四十四年ころの、神社合祀反対運動のころの熊楠は何を読んで思想形成をしていたかという議論は、まだまだ実証的な追究が必要な領域なんです。今わかっている範囲では、常識的なエコロジーの成立史に照らせば、熊楠のあの時の試みは早すぎるということがございます。

＊田村義也「南方熊楠の『エコロジー』」、『熊楠研究』第五号、二〇〇三年、六―二九頁。

鶴見　早すぎるけれども、先取りしてる。つまり、なぜ私がああいうふうに書いたかというと、自分で読み返してみて、あのころの自分を考えると、ちょうど南方熊楠と水俣調査がいっしょになっていたの。『南方熊楠』という本を書く時に水俣調査に入っていったの。そうしてすごいショックを受けたわけ。患者さんからいろいろ話を聞いて……。それでそれを読みこんでいたのよ、南方熊楠について。だから時代錯誤とおっしゃるけれど、確かにそれを私ははっきり申し上げます。それは私の読みこみです。読みこみだけれども先取りなのよ、私から言わせると。

つまり、歴史をはじめからだんだんに遡って見るか、今日の時点からふり返って見るか。私の頭はひどくアメリカ哲学的なのよ。アメリカで哲学をやって、アメリカで社会学をやった。そういう頭だから非常にプラグマティックなのよ。プラグマティックな歴史観なの。プラグマティックな歴史観は、ある一つの事柄の意味は、その事柄があることによって生じた事柄の総体であると。そういうのが頭にしっかり入っているから、吉田東伍の『倒叙日本史』というのがあるわね。日本でもやった人があるけれども、現在から遡って歴史を見る。どうしてもそういう頭になっているのよ。だからいまの水俣の問題を、こんなことをもうすでに考えた人があったのかと、ほんとにおっしゃるとおり、ワクワクして興奮しながら書いてるのよ。

田村　それはよくわかりますね。

鶴見　だからおっしゃること全部、批判は受け入れます。しかし、私の頭はそういう構成になっている。そういうことを申し上げたいの。

田村　……たいへん恐縮しております。ご著書で先生が論じられた南方のエコロジー論は、まだ存在していなかったエコロジーの議論を南方に投影するというアナクロニスムがある、という書き方を、たいへん失礼ながら拙論ではしております。その反面、それはその時代の課題に応えたものであったからこそ、広く読まれてきたと思います。鶴見先生の描きだした熊楠像がその後、何十年も研究者たちを支配したわけですから。

鶴見　いや、いまでも毎年、増刷されてるので、ありがたいことです。ですから、どうぞたたき台にしてください（笑）。私、読んで、自分がおかしくなったの。あのころの自分の興奮状態が。

田村　そういう時代の思想を一身に体現された、その時代を代表するお仕事ということは言えるかと思っております。

鶴見　だけどあの時の私の心理状態というものは、水俣に集中してたの。

松居　水俣の場合でもそうなんですけれども、物事の実態に関しては多様なとらえ方があると思います。

鶴見　そうですよ。

松居　水俣のなかには、当然、自然破壊というものがあるけれども、先生がおっしゃったように、人間破壊という面があって、そこに暮らしている人の、生活をふくめた精神世界というものの破壊でもあると。熊楠はそこの部分を非常に強く神社合祀反対のところでもいっていると思うんです。そこのなかにはエコロジーというような生態系的な側面は非常に強いし、それからそれが人間のなかで、伝統とか文化とか地域の一体性とかいうものが破壊されるということも強くいっているし、それはさっきいったような、投げかける相手によって違っています。その地域の人に投げかけるときには、その地域の文化ということをいうし、植物学者にいうときには生態系保存ということをいう。そこは使い分けているところがあるから、そこから何を引き出すかというのは、見方によるものであって、先生が水俣から見た神社合祀を引き出されるというのは正当なことだと、ぼくは思うんです。

鶴見　時代錯誤だと書かれたのは、確かにそうだけれども、私はそれだから惹かれたの。

田村　はい、よくわかります。

鶴見　それだから南方熊楠にくいついた、という経緯なの。

松居　神社合祀に関しては、それぞれの言説を一つ一つ丹念に読んでいかないといけないところがある。

鶴見　まだまだ神社合祀は問題になりますね。

田村　熊楠のパフォーマンスの文脈依存性というか、戦略の多様性といいますか、これについてはまだまだ議論は必要だと思います。
鶴見　そう。だからいろんな議論が出てこなきゃだめなの。それが曼陀羅なのよ。
松居　田村さんは鶴見先生の批判はしていても、否定しているわけではまったくないんです。

『機関車が庭に入ってきた』

鶴見　だけどよくぞ『オクスフォード・イングリッシュ・ディクショナリー』のいろいろな版のあいだの、あれだけ精密な分析と説明（前掲、田村義也「南方熊楠の『エコロジー』」）は初めて知って、室田武さんに、私、このコピーを送ってあげようと思うの。室田武さんは何から見たかというと、これは明日話すつもりだったんだけれど、『エンサイクロピディア・アメリカーナ』の一九八一年版を読んだのよ。というのは、結局、第二版が出る前だから、『オクスフォード・イングリッシュ・ディクショナリー』の改訂版（一九七二年）を見て、ソローと書いたの。それで私もあわてて、いろんな人に聞いたり、自分でソローをもう一度読んだりしたけれども、私が見た限りは――書簡を見てないけど――、『ウォールデン（森の生活）』には「エコロジー」という言葉は一切ない。だから、ソローは言葉にはせず実践としてエコロジーの生活をやったのよ。
田村　そうですね。森の生活を。

鶴見　そしてあのころの、エマソンとか、マーク・トウェインとか、ソローとか、ああいう自然派、ニューイングランドのあのころの自然派のことを研究したレオ・マークスの『機関車が庭に入ってきた（The Machine in the Garden）』という、あれはいい本ですよ。あれの中には、奴隷解放戦争が終わって、これから工業化がはじまる。そうすると機関車があの静かなニューイングランドの庭に入ってくるわけよ。これはいかんというので、ソローも出てきたし、エマソンとか、こういう人たちが立ち上がるわけよね。それで自分たちの文学を書いていく。

そうするとすでに、アメリカの工業化と、エコロジー、自然破壊、そして自然をそこから守り、そして人間の精神も守るという、そういう運動がニューイングランドではじまっていたわけですよ。それから私が室田武さんから教えられた、エレン・スワローという人、あれを見ると、もう実際に実践してるのよ、あの人は。それがレイチェル・カーソンの『沈黙の春』につながっていくわけ。だからアメリカにはもうそういう運動がはじまっていたのよ。それで南方は何を読んだんですかというのが、私、知りたかったの。

田村　私どもがいまだに解決できない疑問は、南方がソローをどこで読んだかです。じつはつい先日、偶然の事情から発見した資料があります。これは一九二五年の熊楠の日記でして、これに熊楠が図書目録から切り抜きを貼りつけています。W・ヘファーというロンドンの古書店なんですが、熊楠はロンドンの古書店複数から定期的に目録を取り寄せていました。そして発注をしていました。そのヘファーだと彼が書きこんで切り抜いている広告で、ソローの著作三点というのがあるんです。それを大正十四（一九二五）年の日記の巻末部分に貼りつけています。貼りつけているということは発注したという意味かと思います。この本自体はいま現在はございません。南方邸にはソローの著作はまったくないんです。ただ、持っていないから読んでいないとは、もちろん言えません。

鶴見 読んでいるでしょうね、『ウォールデン』をね。

田村 『方丈記』の時にああいう題名をつけていることもありますし、[*]知ってることは……。

＊熊楠とF・V・ディキンズの共訳で発表された『方丈記』英訳（一九〇五年、英王立アジア協会紀要）は、「十二世紀日本のソロー（A Japanese Thoreau of the Twelfth Century）」と題されていた。

鶴見 それは『ウォールデン』を読んで、『方丈記』にああいうふうに書いたのね。

田村 だからそうやって発注しているとしたら――それが発注を意味するかどうかもわからないんですが、発注を意味するとしたら――、大正十四年の時点で持っていなかったということになると思います。

鶴見 そうか。そのころはまだ見てない。

田村 はい。ロンドン時代に図書館で読んだという可能性はあるんですが……。

松居 熊楠の場合には、ロンドン時代に読んだ本を、あとになって、田辺時代に買っている場合が多いので……。

鶴見 だからヘッケルをロンドンで読んだんじゃないかなと思ったの。アメリカの情勢はあまり読んでないと思う。というのは、学問ではアメリカをばかにしてるから。だけどニューイングランドは辺境であるゆえに先進地帯なのよ、思想的にはね。

松居　『モニスト』は読んでますね。

鶴見　『モニスト』ね。チャールズ・サンダース・パースは『モニスト』に書いたの。あれが一番先です。

松居　熊楠が『モニスト』を読んでいたことは、「ロンドン抜書」からわかります。

鶴見　ああ、そう。それじゃあ、あの時期、南方は『モニスト』を読んでたの。だけどそれはロンドン時代ですよ。だからちょっとむずかしいわね。

田村　それから、まだあやふやなレベルの議論ですが、「エコロギー」という言葉について、熊楠がその言葉に出会った一つのきっかけは、三好学の仕事ではないか。三好学という植物学者がおります。同時代の大学の研究者です。三好学は「エコロギー」という言葉も導入した人であり、それから生物学の教科書を書いた、そういう位置にいた人です。そしてさらに「天然記念物法」という法律の仕組をつくることに努力をした人で、日本の天然記念物保護法制をつくるにあたって力があった人で、その時代、思想としては熊楠と非常に近いところにいました。三好もほぼ同時期に、熊楠と同じように、神社合祀に関する感想であるとか、自然を守ることについて、といった議論を新聞の上で展開していたということもありまして、じつは三好と南方熊楠はかなり近い土俵の上に立っていたということがあります。そして三好はドイツに留学した生物学者でした。

鶴見　だからヘッケルね。

田村　ヘッケルがエコロジーという言葉を作ったことも、三好は確実に知っていました。熊楠が三好を通じて知ったのか、もっと以前に知っていたのか……。

鶴見　不思議に思うのは、あの人はなんでも必ず注をつけてるでしょう。忠実に注をつけてる。でも書簡の中に「エコロギー」とか「エコロジー」というのをちょいちょいと書いているのに、「エコロジー」のところに全然つけてないのよ。だから私はわからないのよ、どこで読んだかということが。

田村　そうですね。あるいはどういう内容を想定していたか。

鶴見　そしてアメリカの方が、現代的な意味でのエコロジー運動をやった。エレン・スワローもそうですし、それからソローは実践だけをやって『ウォールデン』を書いたんです。機械が入ってきたけれども、オルターナティヴとして、まだ昔の自然の中に暮らすということができるんだぞ、という実験をしたの。

田村　機械が入ってきたからこそ……。

鶴見　そう。機械が入ってきたからこそやったんでね。

熊楠の森ごもり

田村　熊楠のフィールドワークと申しますか、森に入っての植物採集にも、ひょっとしたらそういう側面があるかもしれないですね。御進講の直前になる昭和三年暮れから四年正月にかけての山ごもりというのがありますが、その時に入った森というのは、妹尾《いもお》という地名です。和歌山県日高郡の妹尾の森ですね。

鶴見　神島《かしま》とは違うんですね。

田村　はい、別です。神島は、田辺湾ですね。この妹尾の森で彼は採集調査をしているんですが、ここは熊楠が入ったところで、「従前人の立ち入らざりし箇所多き……」と書いていたりするところで……。

鶴見　そこへ小屋を建てて？

松居　官林があったので、営林所があって、そこに熊楠は泊まりこんで……。

田村　私どもは熊楠のした仕事と彼が書いていることを照らし合わせて、そこは原生林だったんだろうと漠然と思ってしまうんですが、そこは現に熊楠が行った時ももう営林所があり、森林伐採の仕事が進んでいました。今日まいりますと、われわれがよく悪口をいう杉畑にすっかりなってしまいました。

鶴見　じゃあ、花粉症になるわね。
田村　そうですね（笑）。つまり、自然植生とは完全に木が入れ替わってしまって、人間が植えた木だけがそろっている。
鶴見　人工林ね。雑木林を切り離しちゃったのね。
田村　今日、遠くから見ても、たった一種類の木がずっと続いているという単調な状態になってしまっています。そして、それは熊楠が入った頃、はじまりかけていた可能性があるんです。むしろさらにいえば……。
鶴見　それに抵抗しようとしたの？
田村　抵抗ですが、壊されはじめて、あわてて調査に入ったという面があったかもしれないという、これはまだ解釈の可能性のひとつなんですが、いまそのことを考えはじめています。
鶴見　だけど森に入ったというのは、ソローをまねしたんでしょうね。
田村　そうですね。可能性はおおいに考えられると思います。
松居　和歌山に帰ってきて、それから勝浦に行った時も、なぜああいうことをしたのかというのは、ずっと考えているんですけれども、一つは和歌山に帰ってじゃま者扱いにされたというのがあると思うんですが、もう一つは生物調査に行きたいということが大きかったのではないかと思います。ヨーロッパの生物学者がみんな熱帯に行って発見をしていた時代ですから、ダーウィンもそうですし、ウォレスもそうですし。だからそういう、なるべく高温多湿のところに行くことによって、生命の多様性があって、そこで調査ができるというふうに考えて勝浦、那智に行ったんだとは思います。
鶴見　ああ、そう。でも追われてというのが、日記には、それで「寂しきかぎりの暮らしなり」と書いてあるわね。追われて行ったんだけれども、それを最大限に自分のために、調査のために使ったというふうに考えられるように書いているわね。

留学生はどこにレファレンス・ポイントを置くべきか

鶴見　私、日本人が欧米に留学する時、つまり留学生の心得というのを皆さんで、熊楠を通して、留学生の心得というのをいっていただきたいと思います。それはなぜかというと、留学するというのは向こうのものをこっちへ持ってくる。つまり、熊楠と柳田が最初に書簡をやりとりした時に、外国の受け売りにもう飽き飽きした、だから「東国の学風」をつくろうじゃないかといってるのね、二人で。私、それなのよ。つまり、外国へ行って外国のものを少しでも早く取り入れて、日本に帰ってきて、横のものを縦にして売り出す。そういうやり方でこれからやってはだめなの。
　そういう意味で、南方はこちらにレファレンスを置いた。つまり比較とは何かということは、それは松居さんの比較学の重要な観点でしょう。比較とは何かというと、AとBとを客観的に見て、何が共通して、何が違うか。それは比較ではあるけれど、浅薄な比較ね。自分の中にレファレンス・ポイントをちゃんともって、そして外のものに対峙する。そして格闘して、そこから新しいものを出す。ということは、こっちが発信基地にならなければいけないの。こっちが発信基地になって、向こうにぶつけるものがなければ、比較というのは非常に客観的な浅薄なものになるの。それをほんとに自分で一生涯をかけて最初にやった人間、日本人で最初に留学生としてやった人は南方熊楠だと思う。どこにレファレンス・ポイントを置くかということが、留学生が外へ行く時にすごく大事なことなの。私、それがいまの留学生には欠けてると思うのよ。向こうへ行って、何しろ早く取ってきて、それを日本に伝達する。もうそういう時代じゃないでしょう。

松居　こちらから持っていったものを発信するというのは非常にむずかしいと思うんですが、熊楠の場合には英文でずっと論文を書いてますね。それに関して田村さんと、飯倉先生などにも入っていただいて、いま南方熊楠の英文論文の翻訳をずっとやっているんです。*

＊その後、『南方熊楠英文論考［ネイチャー］誌篇』『同［ノーツ アンド クエリーズ］誌篇』として刊行。

鶴見　そう。それはいいことだ。

松居　それでやっぱり熊楠の英語で書いたものを日本語になおすと、熊楠が、やってもいますけれども、いまの目から見た翻訳、いまの人が読んで、その当時のイギリス人の読者が読んだように読めるような翻訳というのを考えてやっているんですが、やはりなかなかむずかしい。一字一句翻訳の言葉というのも考えないと言葉にならないところがあって、そこらへんの構造を言語化するむずかしさを、翻訳を通じてだいぶ感じさせられました。熊楠は逆の立場でやってたわけですけれど。その英文の翻訳のなかで、イギリスの当時の議論とどうかみ合っているのか、あるいはかみ合っていないのかというようなことも考えながら翻訳をしているんです。

鶴見　それはなかなか大変だ。それをやっていただくと、熊楠がそのころのイギリスでどういう位置づけになったかということが、はっきりしてくるわね。

松居　その過程でいくつか発見があったんですけれども、一つは熊楠の議論は、案外、いろんなところで受け入れられている。たとえば、現在英語圏で使われているマルコ・ポーロの旅行記の定本の中にも熊楠の論文が引用されたりしているんです。

鶴見　「東洋の星座」はすごい反響だった。

松居　これは田村さんが発見したんですけれども、「東洋の星座」をジョゼフ・ニーダムが読んで、『中国の科学と文明』の中で紹介しています。

鶴見　それはおもしろいわ。それをぜひやって、これから外国へ出て行く留学生に、留学生というものはどういう立場で、日本に帰ってくるなら帰ってくるで、向こうへ行きっきりなら行きっきりで、やっぱり発信しなければいけないけれど、どういうつもりで仕事をしようと思っているのか、それをはっきり考えて留学してほしいの。中国の留学生というのは、日本の留学生とはずいぶん違うから、それをアメリカに行った時、とても言われたのよ。中国の留学生と日本の留学生が違うということを。

だからそういう一つのお手本として南方の場合を考える。私は自分が外国へ行って勉強して日本へ帰ってきた。帰ってくるか、帰ってこないかの瀬戸際に立って、結局、帰ってきてよかったと思ってるんだけれど、すごくいろんな葛藤があるわけよ。だから南方にとても惹かれたのは、その葛藤をこんなに見事に乗り切った人間として、私は南方を非常に評価して見習おうと思ったの。だから留学生というのはどういうものかという、そういう典型として南方を研究してほしいというのが、私の一つの願いなの。

田村　英文論考を日本語に翻訳するという目で読みなおしまして、いろいろと熊楠の苦闘というか、努力というか、それを追体験するような思いもいたしましたし、中国や日本の文献をイギリス人の読者に伝えるという努力ですので、熊楠はそうとうな英語力だったとあらためて感心もしましたが、いろいろ苦労している。そこのあたりが非常に実感されました。

熊楠の文体

鶴見　そうでしょう。それからもう一つは、南方熊楠の文体論。これは大変よ。民俗学者の柳田国男、折口信夫、南方熊楠、この三人がそれぞれディスティンクティヴリー・ディファレント（顕著に異なる）なのよ。文体が、一人一人、すごくスタイルがあるの。民俗学とは何かというときに、この一人一人が違うのよ。文体からして完全に違うのね。

私、それから一つとっても残念だと思うのは、南方熊楠が自分の生活費、学費を稼ぐために、日本の枕絵、江戸時代の、あれを商売にしていた人と知り合うでしょう。そしてその人は英語ができないから、南方熊楠がみんなその絵の説明を書いてやるでしょう。その原稿が全部南方邸にあったのよ。それを文枝さんのご主人がおもしろがって持ち出して、大学の研究室に持っていった時に、大学紛争でみんななくされちゃった、という話を文枝さんから聞いたの。

松居　それはごらんになったんですか、その現物は。

鶴見　私、家へ行った時にちらっと見せていただいたけれど、こんな英語が書ける人かと思って、私、感嘆したわよ。

松居　それは手書きの、タイプではなくて手書きのものですか。

鶴見　それで、だからもう見られないのよ。だからあの人の英語の論文と、こういう下世話な英文とが、どう違うかということを、研究課題にしたらとてもおもしろかったと思う。そういう下世話な英語さえ書ける人だったの。それからサーカスといっしょにキューバなどに行った時に、恋文、ラヴレターを代筆してやったでしょう。だからそういう経験があるから、なかなか下世話な英語が書けたの。私なんか全然書けないわよ、下世話な英語は。それといろんな日本文の書いたものと、それから英文の論文との比較。これも非常に違うもの。英文は立派な、正攻法な英語で書いてある。ところが日本文はめちゃくちゃでしょう。何いってるんだか、どうしてこんな……、迷路に入っちゃうのよ、すぐ。あれは、私、江戸時代の黄表紙物だと思うの、あの人の日本語は。それが論文でしょう。だから文体論というのは、とてもおもしろいと思うのよ、南方の文体論。これをだれかやってほしいわね。

3　熊楠の人間関係と曼陀羅モデル論

熊楠と柳田

鶴見　さっきいったように、留学生としてピンと来たの。つまり留学生というのは、文化的葛藤、異文化間の葛藤をしょっちゅうしてるわけよ。その葛藤がこういう形で、つまり創造的な葛藤をした人よ。葛藤の中から創造が現れたの。それに感動したの。はじめてこういう人物に出会ったの。いままで向こうからこっちへもってくる人物ばっかりだったから。それでのめりこんだわけよ。それと水俣の調査と……。

――それは柳田では物足りなかったのでしょうか。

鶴見　私が柳田から南方に乗り換えたって、がっかりしましたという人もいたわよ、柳田の方の弟子の人で。だけど乗り換えたんじゃなくて、柳田があったから、南方がわかったの。あんまり対照的だから。

――そこもお話しいただきたいのですが、一番のポイントは、内発的発展論と曼陀羅がつながるというところですね。

鶴見　南方は、千田さんがいうように、個別性と普遍性がほんとに格闘しながら融合してるのよ。内発的発展論は個別性ですよ。そして個別性をどうやってつなげていくかが問題になるの。そのつなぎ目を、彼は普遍的にやったのよ。

内発的発展論は、個々の社会が異なる発展の仕方をするということなのよ。だけど、異なる発展の仕方をするんだったら、バラバラじゃないの。それじゃ困るんで、つなぎ目は何か。それが南方の「地球志向の比較学」なのよ。というのは、彼が、さっきいったように、フレーム・オブ・レファレンスをちゃんと自分の中に非常に強くもっていて、それでつなげていったんだと思う。そのつなげ方がじつにいいの。

――先生は社会学者ですから、非常にアクチュアルな現実の社会をどうするのかということから学問に入っていかれたわけです。そして南方熊楠に出会い、その方法論が南方曼陀羅である、と。だから南方曼陀羅から鶴見曼陀羅への話をしていただければ、鶴見先生の思想が見えるのではないでしょうか。

鶴見　私は曼陀羅というのは、異なるものが異なるままに、互いにせめぎあい、助け合って、ともに生きる、それが曼陀羅だと思う。そうすると、内発的発展論は、それぞれが異なる発展のすじ道をたどる発展の仕方をする。ただ、目標はすべての人が十全に可能性を発揮できるような社会にする。目標は同じでも、やり方は違うのよ。そうすると、アメリカ式近代化論は、みんな同じ仕方でしなきゃいけない。ブッシュは、違うのはみんな殺してしまえ、そういうでしょう。

そうじゃないのよ、曼陀羅は。お互いに多様なものが多様なものでありながら、異なるものが異なるままに、お互いに助けあって、ともに生きる道を探る。それが私の内発的発展論を普遍的に結びつけるすじ道になるわけ。それがわかったわけよ。柳田国男は、日本には日本のやり方があるということをいうだけなの。そうすると、バラバラになっちゃうのよ。それで南方熊楠は、日本にあることはほかのすべての国にある。ほかの国にあることは日本にある。ただ、ある形が違うだけで、共通性があるということをすごく強調するの。ところが、柳田は、これは「日本のみになることなり」ってすぐいうのよ。これが困るのよ。日本のみだったら、それじゃあ、アメリカのみ、イラクのみ、中国のみっていったら、みんなバラバラになっちゃうじゃない。それが私が実際に留学生という体験をして、そして日本に帰ってきて、葛藤を起こしているのよ。つねに葛藤してるのよ、私は。だから葛藤をあんなに鮮やかに、創造的に乗り越えて、新しい学問の方法を確立した南方熊楠に、私がお手本を見て、傾倒するのはあたりまえでしょう。

自分とのつながりがあるのよ。ああ、こんな人がいたんだなという……。それまでは、ほんとに孤独だった。南方熊楠を発見することによって、私は、ああ、こういう人が日本の中にもいたんだなということでホッとしたのよ。

松居　仲間がいたっていう感じ。

鶴見　そう、仲間がいたっていうわけ。そうでなかったら、私はほんとに疎外感を感じるわけ、日本の学界にね。

――そのあたりは、先生は何度も話しておられますが、そういう形では展開されてないと思います。

鶴見　いや、私、南方を見つけた時、うわー、これだと思ったね。だから田村さんがいっているように、南方を持ち上げるあまりというか、熱中するあまり読みこみすぎてる。そういわれるのは、私は重々承知。私、ほんとにのめりこんだ。

田村　自分の戦っていることを百年前に戦っていた人という……。

鶴見　しかも百年前に孤独な戦いをしたんでしょう。家からも追い出され……。すごいわよ。そして追い出されている時に曼陀羅論を展開したんだから、すごい。

熊楠の著書

鶴見　私は南方によって救われたな。ああいう人物がいたっていうこと、しかもその人物が奇人変人の名前で知られていた。それはびっくりした。私も奇人変人？

――熊楠は同時代においても知られていたんですね。

松居　知られてましたね。ただ、先生がおっしゃるように、奇人変人というような面が強かったと思いますけれどね。

雲藤　熊楠の訃報はＮＨＫのラジオで全国に流れてるはずです。北海道帝国大学で教えていた植物学者である今井三子《さんし》さんが、熊楠の家族にお悔やみ書簡を出すんです。その中で「ラジオでお聞きしてびっくりしました」って……。ラジオで聞いたって書いてあります。北大の先生ですから当然、札幌で聞いているはずですね。ですから、訃報が全国ネットで放送されるほど、当時は著名な人物であったと言えると思います。

鶴見　だって、あの人は早稲田大学かどこか大学へ行って、「あかんべえ」って帰ってきてるでしょう。

松居　國學院大學です。昭和天皇に御進講をしたあの南方熊楠ということで、ラジオでも放送したんだと思います。それくらい、一応、名が通っていたと思います。

――熊楠は生前、本は何冊出てたんですか。

松居　三冊ですね。

田村　『南方閑話』、『南方随筆』、『続南方随筆』。

――どのくらい売れたんですか。

田村　『南方随筆』、『続南方随筆』につきましては、生前も重版していますし、没後にも別の出版社から出たりしています。昭和十八年ですね。

鶴見　「十二支考」はわりと売れたんでしょう。

田村　「十二支考」は単行本にならなかったんです。ただ、熊楠も単行本にしたかったようですし、出版すべく努力していた人が何人かいました。このへんは南方邸にあります資料でだんだんわかってきました。奇遇ですが、編輯の刈屋さんのお祖父さまだという栗田賢三さんが、岩波書店にいらした時に、栗田さんから雑賀貞次郎さんに宛てた手紙が南方邸から見つかりました。昭和十八年です。それを見ますに、別の出版社が版権を持っていたのが岩波に移りまして、岩波から出版する計画が動いていまして、雑賀さんからは浄書原稿が岩波に送られたらしいんです。それを受け取ったという返事を栗田さんが書かれていましたので。もう戦争になりますから、おそらくそれでできなかったんだと思います。戦争がなければ、おそらく岩波書店から「十二支考」は刊行されていたんでしょう。その手紙は、受け取った雑賀貞次郎さんが、おそらく松枝さんのもとに持ってきたものだろうと思います。

精神科医だった中村蓊《しげる》という人がいまして、中村古峡《こきょう》という号の人ですが、この古峡が最初は熊楠の「十二支考」を刊行しようとしたらしいんです。それで熊楠が亡くなる前後に、どうも中村古峡から岩波書店が版権を買った気配なんです。で、そのあいだに立ったのが、慶応大学の横山重さんらしいというようなことまで、南方邸の資料からわかってきました。熊楠との関係は、中村さんから「十二支考」を刊行したいというので熊楠に連絡してきたんですが、熊楠は息子の熊弥さんの病気について相談したりといった経緯が書簡からわかってきました。

――中村古峡は熊楠を評価しているんですか。

田村　そうなんです。古峡がやっていた雑誌があります。これがその名も『変態心理』というんですけれども、このことばを当時は異常心理という意味で使っていたようです。異常心理関係の研究をやろうとした人の中でも走りになります。熊楠も関心をもち、古峡も熊楠に書いてほしいと思ったということで、その雑誌に寄稿してもらっているんです。そういう行きがかりがありまして、ご存じのように「十二支考」は『太陽』に出たものですけれども、それの単行本化は中村古峡から持ちかけたらしいんです。『太陽』という雑誌は、谷川健一さんが始められた戦後の平凡社のものとは別で、当時博文館から出ていた総合雑誌です。その原稿がほしいと中村古峡がいい、熊楠は直したいけれどもいま原稿は書けないといい、という、立ち入った、非常に興味深いやりとりがありまして、これは南方邸に中村古峡からの書簡があったんです。これを『熊楠研究』に二年前に活字にしました。そうしたら古峡研究者の方の目に止まりまして、古峡側にあった南方書簡というのをご提供いただいたんです。そちらを「東京翻字の会」で雲藤さんをはじめとするなかまで、ひととおり読了するというところまではまいりました。これも往復書簡になっています。量は多くないんですけれども、大変興味深いものです。往復書簡だけだと、二十通ぐらいです。

松居　「十二支考」の典拠なんかを、もう少し解説的に書き出せば、一冊の本になると思います。「十二支考」は牛がありません。それから鼠の項は非常に混乱してるんです。熊楠がいくつかの雑誌に何度か書きました。平凡社の『全集』に入っているものは、平凡社編集部で組み合わせて、新たに作ったと思います。原資料そのままというのではなく、ある原稿を使って整理して読みやすくしたというのが、いま平凡社から出ているものです。そのへんの経緯については、説明が必要なことでして、そういうノートを補うと一冊ぐらいの分量になるかなと……。

鶴見　たしか、岩波文庫には入っていますね。

松居　でも、あれも最近です。

田村　これは一世代前の乾元社版『全集』を底本にしています。おそらく、乾元社版が漢文を読み下しにせず、白文のままとか、送りがなの使い方が昔風といった点が、初出に近いということでそうしたんだと思うんですが、いまわかっている限りでも、『太陽』に出た時の原文から脱落した行があるといった事故が乾元社版『全集』にありまして、岩波文庫はその脱落したままのテキストなんです。平凡社版と対校してくれればよかったんですけれども。

熊楠資料はまだ出てくる

鶴見　だけど不思議ね。生きてる時はあんまり広まらないで、死んでからだんだんに広まっていく人ね。

松居　それはやはり思想的な部分は私信でやりとりをしていたからでしょうね。熊楠の『全集』が出ることによって、「こういう資料がある」とまた寄贈されてきて、また、そういうのが出ると、うちにもあるというので出てきたりして、そういう形でどんどんふくれ上がってきたというのが真相です。

このあいだ、じつは熊楠にお金を寄付していた人で、辻清吉という人のお嬢さんから、辻清吉に宛てた熊楠の書簡があるということをお聞きして、それを調べにいきました。雲藤さんと田村さんの翻刻で今回の『熊楠研究』に載せたんですけれども、これも『朝日新聞』に熊楠の記事が出たからというので、『朝日』の記者を通じてこちらに連絡があったんです。ですから調べれば調べるほど、まだまだ出てくると思います。

鶴見　可能性があるわね。だけど死んでからだんだんふくらんでいくという人はめずらしいわね。だいたい生きてる時はたくさん評判があっても、死ぬとだんだんしぼんでいくでしょう。だからめずらしい人だわ。

――熊楠の詩歌はどれぐらい残っているんですか。

松居　俳句はよく作っていますけれども、俳句とか短歌というものをまとめて何かに書いていたわけではないので……。

鶴見　そう。私、おもしろいと思うのは、本の内容と関係のない、とんでもない川柳とか都々逸が欄外に書いてあるのよ。それはとってもおもしろいと思うの。これを読んでるうちにこういうことを考えたというのが、どういうつながりがあるんだろうと思うの。書き込みの研究もおもしろいわね。

松居　そうですね。書き込みも膨大なんですね。いままで世界中で生まれた人の中で、一番たくさん文字を書いた人じゃないかと思うんです。

鶴見　そうかもしれない。パソコンもないし、ファックスもないし、コピーもない時にすべて手で書いたんだからね。だけど記憶力との関係でいうと、手で書くことが頭に記憶するのね。だからいまのようにコピーして、コピーしといたからいいやというと、頭に入らないわね。

田村　耳が痛いです（笑）。

鶴見　私はなんでも手で書かなきゃだめなの。英文の原稿も全部手書きで、お金がかかるけど、タイピストに打ってもらって出してもらう。日本文はもちろん手書きできたない原稿。

京都と田辺の高山寺

鶴見　京都の高山寺と田辺の高山寺は関係がありますか。

松居　とくに関係はないみたいです。

鶴見　どうしてあれは……、真言宗だからですか。

松居　いや、高山寺という京都の方は、もとは真言ではなかったんです。明恵上人の時代とか、華厳だったんです。華厳だったのが江戸時代になって真言になったそうです。

鶴見　じゃあ、関係はないのね。だけどまぎらわしいわね。南方熊楠の墓所であるしね。だから南方と非常につきあいの深かったのが、田辺の高山寺。それで今度は京都の高山寺でしょう。

だから関係があるかなと。

松居　結局、土宜法龍が高山寺の住職をしていたんです。近くに仁和寺があって、仁和寺の方が大きいんですが、仁和寺の住職と高山寺の住職を兼ねていたんです。で、そのころにちょうど、このあいだ対談された頼富先生もおっしゃっていましたけれども、種智院大学の前身の真言宗学林の校長になっていまして、種智院大学のもとを土宜法龍がつくったんです。真言宗の中で非常にやり手の僧侶で、その時に熊楠がいろいろ手紙をたくさん送っていて、それを土宜法龍にしてみたら、自分が住職をしていて、一番落ちつける場所というか、そういうところだった高山寺に、熊楠の書簡を全部置いていたんだと思います。トランクがあって、その中に入っていたんだけれども、ある時期に毛利清雅が行って、半分ぐらいごそっと抜いてきて、それがいままで見つかっていた部分だと思います。

田村　毛利さんが出版をしようと思い、でも熊楠に相談したら止めろといわれて、それきりになったということがあるようですので……。

鶴見　ごっそり持ってきたというのは、そのため？

田村　南方邸にあったのは、たぶんそういう経歴なんだろうと。

鶴見　出版を断ったの？

田村　熊楠が断ったようです。

鶴見　それは熊楠は、ああいうものは日本の学界では受け入れられないと考えたからね。そうでしょうね。

松居　たぶんそうだと思いますね。

田村　わかるまいと思ったでしょうね。

熊楠は共に語れる相手を求めつづけた

鶴見　そう。それでほんとに土宜法龍を自分の学問の相手として、それだけ信用したということね。つまり、手紙にあんなに情熱をこめられるというのは、一体どういうところからきてるかね。手紙なんか一文の得にもならないものね。

松居　ロンドンで会って意気投合したと、それだけです。

鶴見　あの人ならわかってくれると思ったのね。

松居　熊楠はそういう相手をつねに求めているところがあって、土宜法龍に手紙を送る前には、和歌山時代の友だちにけっこう長い手紙をたくさん送っているのですけれども、土宜と会ってからは、彼にずっと送りつづけていて、土宜との文通が切れると柳田国男とか、白井光太郎とか、小畔四郎とか、平沼大三郎とか、晩年はずいぶん増えますけれども、その中でも、とくにこの人には語れるという人をつねに捜しているところも、熊楠にはあると思います。

田村　三十代の書簡というのは、土宜宛書簡以外には少ないんです。だから三十代の熊楠を知るためには、日記と土宜宛書簡というふうになってしまう。

松居　今度の土宜宛書簡の中で、孫文のことも書いているところが見つかって、孫文は山師みたいなことをやっているから、ああいう革命は自分はよくわからないんだということを書いていて、こういう事実もほかのところではまったく書かれてないですから、そういう意味でも土宜宛書簡は重要ですね。仏教についても、土宜法龍と、若いころはずっと書いていますけれども、土宜がずいぶん偉くなって忙しくなってしまいます。その後、土宜法龍との文通が切れる時に、これは浄土真宗の方のお坊さんで、和歌山の湯浅の出身の妻木直良に対して一時書いてる手紙があって、たしか一九二〇年代の半ばぐらいで、これもけっこう思想的な内容を書いています。そういう相手をつねにだれか熊楠は決めているところがあって……。

鶴見　同じような曼陀羅論みたいなものを展開しているんですか。

松居　曼陀羅に近いことを書いています。

鶴見　じゃあ、ずっと暖めているんですね。さっき質問しようかなと思ったのは、〔曼陀羅論は〕屹立しているというか、ぼーんぼーんと、その後が出てこないんですが、その書簡の中には出てくるのね。

松居　一九〇二年、三年ほどのすごくいいものではないけれども、かなり思想的なことを書いています。いままでは那智時代だけにそういう曼陀羅的のことをやって、後はそこは切れちゃったんだという説が中心だったし、いまでも資料的にはそう言わざるをえないんですけれども、これが本当かどうかというのはあやしいような気がしますね。

田村　「事の学」とかは後でもいってますけれどね。

松居　それからある時期の土宜法龍宛書簡がごそっと抜けていますよね、いまの段階でも。土宜法龍からは一九二〇年ぐらいまで書簡が来てますけれども、一九〇五年ぐらいから二〇年ぐらいまでの熊楠書簡はないですよね。そこが発見されたら、曼陀羅に近いようなことを続けて書いているということが発見される可能性もあると思うと、あんまり資料がこれだけどんどん出てくると、めったなことは言えないような気がしますね（笑）。

鶴見　死ぬまでずっと文通は続けたけれど、ピークはやっぱり曼陀羅論ですね。それからちょっと関係が浅くなるのね。それは土宜法龍が高野山の管長になるでしょう。管長というのはもう学僧というのではなくて、行政職でしょう。だから学問を捨てる覚悟でなるものですよ。そういうことがあったんじゃないの。

松居　いまでも大学の先生が学長になると、そんな感じですね。

鶴見　学長になると、なかなか学問をしてられないのね。だから櫻井徳太郎さんが学長を辞めた時、「櫻井さん、学問に生還しましたね」って、私、いったのよ。

松居　でも、こんなことをいうのもなんですけれど、たぶん鶴見先生も上智大学でなければ学長をやらされていたと思いますよ。

鶴見　いいえ、私は全然だめなの。回り持ちで〔国際関係研究所〕所長でしたから、所長になった時はもう嫌で嫌で、早く任期が満了すればいいと思ってね。行政的手腕は全然ないの。

松居　上智大学はいまでもカソリックの方が学長になるんですね。

鶴見　そうですね。今回もそうです。私の知ってる人で、石澤良昭先生って、アジア文化研究所の方で、アンコール遺跡で仏像が破壊されたでしょう。あれの修復をやった人。とてもいい方です。

松居　鶴見先生が上智大学を辞める時の最終講義の記録がありますね。その中でアニミズムのことを語られていて、自分はカソリックではなくて、アニミズムを信仰しているということをおっしゃっていて、おもしろいと思ったんですけれど……。

鶴見　アニミズムは何とでも習合するのよ。習合宗教なの。何とでもくっついちゃうの。カトリックだって、古代から中世の昔風の宗教ですね。だからアニミスティックな、たとえば、聖フランシスコみたいなアニミズムが入っているのよ。で、神秘主義が入っているのよ。だから私は与しやすいのよ。私の妹はプロテスタントですけれども、与しにくい（笑）。

これからどういう研究を進めていくかという構想は、もうつくっていらっしゃるの？

松居　研究グループとしては、とりあえず一次資料、熊楠の書いたものをきちんと翻刻した形で出していくことということでしょうか。『全集』がいま十二巻ですけれども、日記とか、出てないものもありますし、新しい資料もありますし、結局、『全集』というのは全部合わせると六十巻以上になると思うんです。

鶴見　わあ、すごい。
松居　『柳田国男全集』も三十何巻だし……。
鶴見　そうよ。最終のが今月出るのね。*

*二〇一五年現在、数巻を残して続刊中。

松居　『折口信夫全集』もやはり三十巻ちょっとですね。南方熊楠が十二巻というのはうそで、それは資料が揃っていなかったからです。『南方熊楠全集』をちゃんとやると、折口、柳田よりも多くなると思うんです。
鶴見　それはどこから出すの？
松居　それは藤原書店でやっていただければありがたいんですけれども、当面は資料として田辺市から資料叢書のような形で出して、その中でとくに商業出版でおもしろいものをいろんな出版社で出してもらった方がこれからの時代、いいかなといま考えているんです。
それから個人としては、私はそろそろ「ロンドン抜書」をちゃんとまとめなければいけないと思っていますので、それはなるべく早くしたいと思っているのと、それから今度の新資料が出てきて、やはり土宜法龍宛の曼陀羅はおもしろいと思いますので、何かそういうことに関して……。とくに那智時代から神社合祀をはじめるあたりの熊楠の動きがおもしろいと思いますので、そのあたりで何か書けないかと。

神社合祀反対運動の問題

鶴見　神社合祀反対運動も、まだきちんとした資料がないでしょう、全体像が。読者っておそろしいものよ。神社合祀令の無効の決議は遅れて、貴族院で一九二〇年でしょう。それで一九〇九年から二〇年まで十年間やったわけです、熊楠が。そういうふうに私は本に書いた。そうしたらやっぱりマニアみたいな人がいるわけね。それで貴族院に行って、その資料をずっと見たけれども、神社合祀令無効の議決はどこにも見当たりませんけれど、これはどういうことでしょうかって、私、そういう手紙もらったのよ。だいたい、熊楠について私がいろいろ書いたことが違うとかどうとかという手紙は、いまでも来るのよ。そしてそれを見て、私がまちがっていたというところはちゃんと直して、処理して、その人にお礼をいうんですけれども、これは困っているのよ。だけどあれはどういうのかしら。

松居　議決ですか。でも、一九一八年に……。

田村　……大正七年……。

鶴見　大正七年は私が生まれた年。

松居　まさにその年に内務省で神社合祀がまちがいであったというような、決議というか、決定がなされているはずですから。

鶴見　だけど、貴族院は？
田村　貴族院の委員会決議だったと聞いています。本会議の議事録だけ見ると出てこないとかでは……。
鶴見　だから本会議の議事録を……。
松居　第三分科会なんです。
鶴見　だからそういうのをほんとに書いてあるとおりかどうかって調べる人がいるんだなあって。読者というのはありがたいけれど恐ろしいわよ。
松居　そういうのは全部、田村さんに回していただければ……（笑）。
鶴見　それじゃ、これから田村さん、お願いいたします。苦情処理係になってください。
田村　いまの件は確認してみたいと思います。*

＊大正七年三月二日、貴族院予算委員会第三分科会議事速記録第九号、『南方熊楠日記』三巻に所収。

科学方法論のモデルとしての曼陀羅とは

鶴見　曼陀羅と科学方法論がどうして結びつくか。私、科学方法論のモデルとして曼陀羅をどうして結びつけたかということについて、一生懸命考えてみたんだけれど、それは実証的に南方の何かから出したんじゃないのよ。でも、私、そこに南方が科学方法論ということをちゃんとおさえていたということがあると思うの。それはなぜかというと、科学ではモデルというのは何かという定義がありますね。それはある一つの科学理論の体系があって、その基本となるプロポジション（命題）――ベーシック・プロポジション、これはラッセルの「ベーシック・プロポジションはあるかどうか」という議論があるけれど、ふつうに考えてベーシックになるようなプロポジションがある。それを一目瞭然に、目で見てわかるように描いたのがモデルである。これがネーゲルのデフィニションなの。

そうすると、曼陀羅というのは、密教の思想の根本となるようなものを絵に描いたんです。それが曼陀羅ですね。科学の理論の根本になるような命題を絵に描く。それがモデルだった。だからこれとこれが結びつくということを、はっきり考えてあれを描いた。そういうふうにいうことはできないでしょうか。私はなにしろ、一応、論理的に突きつめておきたいの。そうしないと、あやふやになるから、突きつめておいて、それでまたそれをもっと、千田さんがしていらっしゃるように、身体体験とか、そういうものと関連するように広げていくことができるけれども、まず英語の論文に書けるような形でカチッとやっておく、そういうことを考えているの。いま、思想の一番基本になるものを絵で描くという点では、カトリックと仏教が結びつくと思うの。というのは、両方ともイコンよね。カトリックは聖母像、仏教は曼陀羅。両方ともイコンですよね。そういうふうに結びつけていったんじゃないかと思うけれど、どうですか。それは突飛ですか。

松居　うーん。イコンですね。絵曼陀羅と書いているのは……。

鶴見　絵曼陀羅ということをいってるので、私、そういう考えが……、あれを見た時、ハッとしたの、「絵曼陀羅」という字が出てきたから。

田村　モデル、メタファー、それからイグザクティヴとありますけれども、曼陀羅はそういったものではなくて、一つの可能性として形をとってみたもので、モデルではないような気がします。一つのモデルが存在するようなものではなくて、こういう姿も取りうるという……。

鶴見　いろいろあるからね。毎日違う曼陀羅、毎年お祭りになると、曼陀羅を地上に砂で描いて、そしてお祭りがすむと消して、また描いて、それが曼陀羅なのね。科学方法論のモデルは一度描いたら、それはずっと続くものだからね。そこは違いますね。

田村　今回の資料でも、「曼陀羅」の後で熊楠が「シンボル」とルビを振っている、その「シンボル」ということがかなりキーになるかなと思います。

千田　じつは私は、いままでシンボルとは違うと思って見てきました。

田村　熊楠のそれについてですか？

千田　いや、曼陀羅というものについて。

松居　どういうことですか。

千田　シンボルというのはもっとスタティックなもので、流動性がないものというイメージをもっていたんです。それに対して、曼陀羅というのは、もちろん菩薩や如来などイコンが含まれますが、全体としては、世界の成り立ちを、たまたまそういうイコンを用いて図化したものと捉えていて、最終的には図化する必要すらない、すべて溶けてしまって何も残らないようなものだという理解でいたんです。でも、絵曼陀羅というと図化することになるんでしょうけれど……。

田村　……しなくてもいいかなということでしょうか。

松居　それが曼陀羅であるということですね。

千田　森羅万象、世界の全体ですよね。私はそういう理解でいたので、南方曼陀羅についても、人智がいまだ及ばない空白の部分もすべてふくめて森羅万象と考えれば、「ああ、曼陀羅ね」と、仏教的知識に乏しいせいもあって、かえって違和感なく受け入れられました。

松居　いま千田さんのいっている、スタティックじゃなくて、曼陀羅というのはもっと流動性があるというのは、まさに頼富先生はそうおっしゃっていますね。

鶴見　そうよ、頼富さんがそういっている。

田村　本来、そういうものだと。

鶴見　だから消すんだと。

松居　曼陀羅も最後は液体の曼陀羅になると。

鶴見　液体曼陀羅はわからなかった。でも、本では一生懸命書きこんでくださった。

雲藤　ちょっと曼陀羅から離れて、熊楠が何かを説明しようとするときは、絵を描く、図を書く。すごく図を多用する……。

鶴見　あの人は絵が上手なのは、植物や粘菌を写生するわけね。それでとっても絵が上手なのね。

雲藤　その絵というのが、相手に対して直接対話できてないときの、書簡というメディアでは、絵というのは相手に対してすごくわかりやすい。自分の言いたいことがわかりやすく表現できるという利点がある。

鶴見　だから科学方法論もむずかしいね。相対性原理なんていうのを、波とポツポツで書くでしょう。あれみたいなの。直接に見て、すぐわかるように描く。

雲藤　そうなんです。直接に見て、理解が容易になる。そうすると、モデルに近いような気がするんです。

鶴見　私、そう思うのよ。それがモデルだって、ネーゲルはいっているの。

雲藤　ですから鶴見先生がおっしゃっているようなことでいうと、ぼくはストンと腑に落ちているんです、あの曼陀羅の絵が。あれはべつに曼陀羅と見えなかったら見なくてもよくて、モデルと考えてもいい。熊楠はたぶん絵曼陀羅からきてると思うから、曼陀羅という名称はそれでいいと思いますけれども、本来、自分の言いたいことを相手に説明するときのわかりやすさというものが大事なんだと思うんです。あれはずいぶん複雑になっているにしても、イのところが萃点ですね（本書一七頁、**図版1**参照）。

鶴見　イ、ロ、ハ、ニって、全部説明しているもの。

雲藤　で、きちんと文章の中で説明しているんですね。ぼくは深い理解はできないですけれども、モデルというのはすごく理解しやすかったんです。

松居　でも、そういうモデルというのが、つねに一定、固定でなければいけないと考えなくてもよいのではないでしょうか。南方曼陀羅に関して、一つは空間的な三次元のものであるということと、三次元の中にああいうふうに一瞬見える萃点があるというふうになるけれども、熊楠の筆づかいというのを見てみると、すごく動きがあるんじゃないかと思うんです。

鶴見　私はだから、流動性というものをすごく尊重した図だと思っているんです。ところがもとの曼陀羅の中に流動性というのがきちんと入っていて、それを南方はきちんと把握したというふうに頼富先生はいってくださっているのね。

松居　熊楠がしっかり一つ一つ描いたんじゃなくて、一気に描いたのは理由があって、一気に描くことで流れを示そうとしたんだと。パフォーミング・アートの研究をしている大学の先生がいるんですけれども、その人の議論では、書道というのは空間芸術の面があるけれども時間芸術の面もある。そういうパフォーミング・アートの要素があって、書いたときの筆づかいというのが、見たときにもう一回再現されるんです。流れが再現されるから、書道というのは空間で絵としても見えるんだけれども、流れている時間をそこに感じることができる。熊楠の曼陀羅というのも、そういう意味でそこに時間が入っているといえるのではないでしょうか。

鶴見　なるほどね。

松居　それでこのあいだおっしゃっていた、萃点移動というのも、曼陀羅自体は一気に書かれたもので、あれはあの時点では止まっているんだけれど、じつは動いているはずのものであって、動いているなかで萃点もどんどん移っていく。

雲藤　じゃあ、アニメーションか何かで表現すると、もっとわかりやすくなるかもしれませんね。

松居　そのアニメーションも、三次元アニメーションで表現する必要がありますね。

田村　ピカソが透明なスクリーンの上に牛の絵を描いている映画がありますけれども、ピカソが描いているのを、われわれはこっち側から見ているんです。そのように、描いている現場というのを見られると、おもしろいかもしれないですね。

松居　あの曲線の一本一本が因果だとしたら、その因果というのは残っては消え、残っては消え、つねに生成流転をしているものだから、そのなかで萃点というのも、ある時点ではここが萃点だったけれども、次の時点では……。

鶴見　そうよ、次の時点ではもう移動しているのよ、これが動くから。

松居　前回お会いしてから、そのことはずっと考えていたんです。

鶴見　いや、ほんとよ。あれ、見てるとおもしろいわよ。だから私は、はじめはまちがったの。というのは、仏教の曼陀羅は写真でいろいろ出ているでしょう。そういうのを見ると、配置図なのよね。それで諸尊格の配置図だという説明が多いんです。だからこれは、とてもスタティックなものだというふうに見えたの。それで熊楠を見ると、流動してるでしょう。だから熊楠はプロセス・モデルとして曼陀羅をとらえた。だからこれは社会変動論に応用できると、そういうふうに考えたのね。

そして頼富先生に聞いたら、「そうじゃない。はじめからあれはプロセスなんだ」と。「あれはいまこうだけれど、次の瞬間どうなるかわからない。それは空というものを考えて、いまはこうだけれど、それはすべて空に変わる。だから消しちゃう。そしてまた新しい萃点移動をして書くんだから、もともと流動的なものです。それを南方は線描きにすることによって、はっきりさせたんです」――そういうふうに説明してくださったので、これはじつに好意的な説明だと思うの。私は、ああいう仏教の専門家だから、きっと、これは邪道です、これは逸脱ですって、片づけられると思ったの。それがひどく好意的に解釈してくださったので、私はすごく喜んで、これから先へ行けるな、もっともっとこれを先へもっていけるなと考えて、それであれが私にとってはとても大事な対話であったということを、一生懸命、藤原さんにいってるの。藤原さんのお蔭で、ああいう対談ができて。

松居　頼富先生にもぜひ今度の資料を見ていただいて、また教えていただいて、それでどんどん補完していきたいと思っています。

鶴見　それはいいですね。頼富先生はとっても好意的よ。

松居　また、それで研究セミナーのような形で、たぶん、シンポジウムのような形でできると思うんですけれども、その結果もご報告します。

鶴見　お願いします。そういうのがあったら、私、行きたいけれど、こういう体ですから、なかなか外出がむずかしいんです。ほんとにあの方、驚いちゃった。ていねいに話してくださった。仏教界の方は、なんだ、何も仏教のこと知らないで、という態度をとられても仕方がないでしょう、こっちは。だけど、ほんとにありがたかったんです。

「南方曼陀羅」命名のいきさつ

松居　もう一度話を戻すと、中村元先生にあの図を持っていったら、「南方曼陀羅ですね」というふうにおっしゃったんですね。
鶴見　見せたら、もう即座におっしゃったのよ。「先生、それじゃあ、南方熊楠をご研究なさったことがあるんですか」っていったら、「一冊も読んだことありません」って。それでその話を早速何かに書いてくださったの。南方曼陀羅というのがあると。
田村　文章として残してくださっているんですか。
鶴見　その話をした後で、仏教の雑誌か何かに書いてくださったのよ。それを送ってくださいました。だからお亡くなりになる前に、もう一度、突っ込んで話を聞きたかったんです。どうして、見てすぐ、これが南方曼陀羅と命名できたかっていうことをね。
田村　ほんとに知りたいですよ。

鶴見　知りたいですね。
松居　どういう機会にお見せになったんですか。
鶴見　これはすごくおかしな話なんだけれど、もともと中村先生とよく知り合ったのは、あの方の『東洋人の思惟方法』という本を、俊輔と私と良行さん（従弟、鶴見良行）も入っていたかな、何人かで分担して英訳したんです。それがもとになって、中村さんはアメリカの大学に呼ばれたの。そういう経緯で、私たちがした仕事をとてもアプリシエイトしてくださって、それで行き来がずっとあったんです。そうしたところに、私がプリンストンに行った時に、プリンストンにプロフェッサー・コルカット（Martin C. Collcutt）という、イギリス人の鎌倉仏教の専門家がいたの。鎌倉仏教のことを、英語で本にして出しています。その方の奥さんが日本人で、それで私はその方と知り合ったの。そして日本に帰ってきてから、コルカットさんが日本にいらっしゃるということを聞いたので、だれに会いたいですかと聞いたら、中村元さんに会いたいと。それじゃあ、どうぞ私の家へおいでくださいっていって、中村さんとコルカット夫妻を家に呼んだの。その時にちょうど『南方熊楠』を書いていたの。だからちょっと、こんなものがありますよって見せたら、「ああ、南方曼陀羅でございますね」と即座におっしゃったの。それで命名しちゃったの。だからこれは直観でおっしゃったんじゃないかと思うんですけれどもね。
松居　熊楠は曼陀羅についてずいぶんあの周辺で書いていますから、そういうことを考えると、南方曼陀羅と名前を付けるのは、わりと自然のようにも思えるんですけれども……。

鶴見　だけどそういうことを全然知らないで、南方熊楠をお読みになりましたかって聞いたら、全然読んでないの。

松居　読んでる人だったら自然にそう思いつくかもしれないけれども、読んでないのに思いつくというのは……。

鶴見　読んでないのに、フッと見てすぐそういったんです。それでずっと疑問に思って、私が病気になってから手紙を書いたの。先生、ぜひもう一度お会いしたいと。そしたら奥さまから返事が来て、「中村はいまそういう状態ではございません、いつ亡くなるかわからない状態でございます」。手紙をいただいて、それから数日後に亡くなりました。

だから私が悔いに思うのは、上智大学を定年で退職してから時間ができましたから、その時に先生は講義をずっとしていらっしゃいましたね、東方学院で。自分でつくった研究所で講義をしていらしたの、仏教について。だから私、あそこに行って、講義をうかがっておけばよかったな、それでその時に質問すればよかったなと、すごく後悔しているんですけれど、その後悔の延長上で、頼富先生の『京都新聞』にお書きになった「マンダラの思想」を読んで、俊輔がそれを送ってくれたの。この方のお話をうかがったらいいんじゃないかって。それで藤原さんにお願いして、それでやっとあの対談が実現したの。

そうしたら、ちょうどご縁があったんです。土宜法龍が種智院大学を創立して、その時に南方熊楠を教授に招聘しようと考えていた。そこにいま頼富先生が種智院大学の学長をしていらっしゃるということで、ご縁があったのよ。それもよかったんじゃないかなと思っています。
松居　中村元先生とご自宅でお会いになって、パッと見せられたということですね。
鶴見　ちょうど書斎の隣が食堂だったの。だから書斎から持ってきて、ヒュッとお見せしたら、「南方曼陀羅でございますね」っておっしゃったんです。
松居　それは南方熊楠の『全集』の図を、本を開いて見せられたんですね。
鶴見　そうです。
松居　書いていらっしゃったというのは、講談社の本をその時、ちょうど書いていらしゃったんですね。
鶴見　ええ、そうです。
松居　中村先生に見せるということは、その前にあれを見て、これは何だろうというか、関心をもっていらっしゃったということですね。その時はどういうふうにお考えになったんですか。
鶴見　その時はただ……、必然性と偶然性というのは、私のずっともっていた問題意識なんです。社会変化のなかに必然性を非常に強く出したのがマルクス主義で、偶然性を取り入れたのがプラグマティックな社会変動論、そのあいだに私はずっと、どういうふうにしてこれを解決しようかという葛藤があったんです、アメリカにいるころから。それの続きで非常に興味をもったの、あの図に。だからこれは何だろうと思って、中村先生にお見せした。
松居　当然、熊楠の説明文がありますね。

鶴見　説明文なんか読まないですよ。ただ、絵をヒュッと見せて、先生、これは何ですかっていったの。

松居　鶴見先生は当然読んでいらっしゃった。

鶴見　はい、それは読んでいたから興味をもったんです。必然性と偶然性との関係について、ずっと頭の中でどういうふうにしたらいいかと思って考えているところに、その話が出てきて、この絵が出たから。その絵よりも、私は同じ問題意識だなと思って見たわけです。

つまり、プラグマティックな社会変動論は、チャールズ・パースのいっているように、チャンス（偶然性）を入れるということ。そしてそのチャンスというのが、それまでの哲学論ではすべて必然性、変化というのは必然的に起こるんだけれども、人間の知識が少ないために偶然だというのだというのが偶然性だった。ところが、チューールズ・サンダース・パースのその論文を読むと、「リアル・チャンス」と書いてある。リアル・チャンスはあるんだ。つまり実在する偶然はあるのだ、と。人間の誤謬によって、あるいは人間がまだわからない、知識が足りないから偶然だといってるけれども、ほんとはリアルにはネセシティ（必然性）がある――そういう議論がずっと哲学のなかでは行われていたの。それを彼は「リアル・チャンスはある」と書いてある。これはすごいんです。私はそういう問題でずっと考えつづけていたんです。社会変化はどうして起こるかというのが、私が哲学をやった時からずっと、修士論文からずっとつづいている課題でしたから、それをそういうことが言えるのかと思って見たら、そう書いてあるでしょう。そして年代を見ると、『モニスト』のチャールズ・パースの論文は、南方が手紙を書いたちょっと前なの。だから同じような風が吹いていたんです。それをいち早く受けとめたのがパースと南方であった。そういうおもしろさがあったので、これに興味をもったの。

社会変動と個人変化の結節点はどこか

——先生はそもそも社会変動論が関心の対象になったのは、なぜですか。なぜ、社会変動論が生涯のテーマになったんですか。

鶴見 いや、いまでもそうですよ。社会の変動、つまり社会変動と個人の変化、それとの結節点がどこかということ。

——先生は博士論文もそのテーマですね。

鶴見 マスター・シーセス（修士論文）がそれなの。

——それはなぜ、それをテーマになさったんですか。

鶴見 それは天皇制のなかに私がいたから。天皇制は必然性論。絶対主義です。それをどうやって抜け出せるかということでアメリカへ行ったんです。それで哲学をやって、デューイの哲学のなかの「しなやかな思考」によって歴史をもっとしなやかに見る。だから私のマスター論文は、「マルクス主義とプラグマティズム」です。

松居　戦中、戦後の日本人の体験ということでは、BC級戦犯の遺書のことを書いていらっしゃいますね。

鶴見　"Social change and the individual: Japan before and after defeat in World War II"（「社会変動と個人――第二次大戦敗戦以前以後の日本」）あれが私の博士論文。それを戦前と戦後の日本でやってみたんです。ですから関心がずっと続いてて、そのことが南方熊楠を読んでいるうちに同じ関心が出てきたからパッととびついたの。それをこのおかしな絵に描いた、それでとても興味をもったのよ。だからこれは何ですかと聞いたんです。

松居　それで中村元先生が南方曼陀羅だといったことで、その時かなりひらめきというか、そういうものがあったわけですか。

鶴見　それで曼陀羅とは何だろうということを、一生懸命、いろんな本を読んでみると、みんな「配置図」と書いてあるの。自分の世界観を図にした、配置図だというの。配置図というのはスタティックでしょう。それとはこれは違うなと思ってね。だから南方が、配置図であるスタティックな図柄を流動性のあるものにしたと、そういうふうに誤って解釈したの。だから『南方熊楠』の中にはそういうふうに書いてあると思うの。今度、頼富先生の話を聞いて、私は蒙を啓かれたわけよ。だから頼富先生との対談はとても大事なの。で、今日、明日の皆さまとの対談もとても大事なの。この「未来志向」に、これから南方熊楠をどう生かしていくかということで、すごく大事です。

私の関心はずっとそれなの。個人と社会の変化の結節点をどういうふうに考えるかということ。それはマルクス主義とプラグマティズムとの思想的な戦いなのね。そうして自分の、日本の立場というところから、それをどのように解きほぐしていくのか。それなのよ。それにちょうど引っかかってきたのよ、熊楠が。だから釣り上げたつもりなんだけれど、釣り落としたらしいわ。だから皆さん、おおいにこれから釣り上げて料理してください。

4　鶴見和子と熊楠の出会い

「南方」という名前のこと

鶴見　私が入試で得したことがあるのは、上智大学が私の英文の柳田国男論を使ったの。そしてこれを使いますがよろしいですかって、同じだからいってきたから、見たら、ヤナギダクニオと書いてある。それは最初、私がヤナギダクニオと書いて、そしてこういうものを柳田先生について書きましたといって、為正さんに送ったの。為正さんはあんまりうるさいことは言わないの。為正さんは学者だと思って尊敬しているの。そうしたら、早速、葉書が来て、「私どもはヤナギタでございます。ヤナギダではございません」。それでびっくりして、それを訂正したのよ。そうしたら訂正したのに、また（入試問題では）ヤナギダクニオと元に戻してるの。それで私、また、やってるな、困ったなと思ったけれど、しょうがないのね。

それに関連してですけれども、土宜法龍については、トキホウリュウですか、ドギホウリュウですか、トギホウリュウですか、ドキホウリュウですか。私、困っちゃってね。私はいままでトキといってましたけれど、どうですか。

松居　あれはじつはまだ、だいぶもめているみたいです。高野山ではドギと呼ばれていたと。それは、一つの根拠としては、土宜法龍に関して狂歌を作った人がいて、その内容が「ヨーロッパとか天竺にまで仏教の教えを垂れてきた」と。「どぎついやつと人はいうが」という、「どぎつい」という洒落が成り立つためにはドギと読まれていないと意味をなさないということがあるので、たぶん日本ではドギと呼ばれていたと思うんです。ただ、海外に行った時に Toki とサインしているので、海外ではトキといっていたのはたしかなようです。これは本当に推測なんですけれども、おそらく日本ではドギと呼ばれていたけれども、シカゴとか海外に行ったときに、自分はドギだというと、英語の doggy、イヌの doggy を連想させるから、聞こえがよくないからトキと変えたんじゃないかと推測しているんですけれども。

鶴見　それじゃあ、ルビをふるときは、今回はどうしたらいいですか。

松居　ドギの方が、今はどちらかというと強くなりつつあるというか、これは土宜法龍の研究をしている高野山の奥山先生がドギという言葉を使っているので、われわれもそれに倣っています。

鶴見　じゃあ、ドギドギするわね（笑）。ドギの方がいいわね。

田村　これからはそうなると思います。いままで私どもで作ってきた文章でも、英文では Toki にしていたんです。それを切り換えなければいけないかと考えています。

鶴見　柳田も大問題が起きたことがあって、柳田先生に私淑したアメリカ人のおばあさんがいて、そのおばあさんが、柳田先生がヤナギタとおっしゃったんでしょうね。それでヤナギタと覚えていて、アメリカに帰って、国会図書館に行って索引を見たら、Yamagida となっていて、それでこれは Yanagita に変えなきゃいけないって怒鳴りこんで、変えさせたというエピソードがあるの。それがあるからむずかしいのよ。英語で書くとすぐばれちゃうのよ、まちがいが。

田村　カードがあっても見つからないということになりますね。

鶴見　そうよ。索引見ても見つからなかったり……。

松居　熊楠の場合も、クマクスと呼ばれていた時代がけっこう長いんです。

鶴見　いまはクマグス。

松居　それも英語表記で、彼のサインが gusu と綴っているのでクマグスと読んでいますけれども、地元の人はクマクスと読んでいた可能性もあると思います。

——南方姓は和歌山にはたくさんあるんですか。

松居　ありますね。

——いろんな呼び方がありますね。ミナミカタさんという人もいるし、ナンポウさんという人もいる。

松居　たしか大阪の地名にミナミカタがありますね。日本人の名前はそのへんがけっこうあいまいで、本人もそんなに気にしていないということがあるんですね。

鶴見　柳田家はこだわるわよ。

松居　お近くだったんですね。
鶴見　成城。うちの隣組だけれど道を隔てて向こう側。だからしょっちゅう出入りしてた。

水俣調査と熊楠を読むこと

松居　全体としては、最初の方に鶴見先生の『南方熊楠』については、何度かお聞きしてますけれども、少しまだ、お聞きしたい部分というのがいくつかありますので、そのあたりのことをお話しいただいて……。
鶴見　私もこんな話、何回もしたじゃないのって昨夜考えていたの。
松居　とりあえずこちらの方から質問させていただいて、お話しいただくのがよいかと思いますので。
鶴見　じゃあ、違う角度からいろいろ聞いてください。
松居　昨日もちょっと、エコロジーのところで話が出たんですけれども、神社合祀反対運動、エコロジーのことを考えられたときに、水俣に調査に行かれていて……。
鶴見　ちょうど水俣調査の時期と、『南方熊楠』を書いてた時期が一致してるんです。だから私は、何かに関心をもってる時期というのは、いつでも違ってきますでしょう。そのことに関心をもつと、すべてのことをそこへ収斂しちゃうのよ。そういうくせがあるから、これもくせが出たなと思いながら、やられたなという感じで、田村さんの論文を読んだの。

田村　昭和五十年ごろになりますでしょうか。

鶴見　水俣は一九七〇年代ですね。

松居　そのあたりをじつはもう少し詳しくお聞きしたくて、水俣にどういう形で調査に行かれたのか、その時にたぶん、熊楠の『全集』が出ていた時期だと思うんです。

鶴見　そうよ。『全集』が出ていたから、その第四巻の解説を頼まれて書いたの。

松居　その『全集』を読まれたというのは、水俣と東京と往復しながら、そのころは調査されていたんですか。

鶴見　いや、夏の陣、春の陣なの。みんな大学で教えているでしょう。だから春休みと夏休みしか長い滞在ができないのよ。だから春の陣と夏の陣。

松居　だいたいどのぐらいの期間、行かれるんですか。

鶴見　二、三週間ね。行きっきりなの。そうすると電話とか催促とか来なくなるでしょう、遠くへ行っちゃうから。だからいいのよ。そうすると、その間は水俣のことしか考えないという、つまりそこだけ集中するという時期になるのよ。

松居　そのへんのことを少しお書きになっているところがありますけれども、やはり非常にショックを受けられたということですね。

鶴見　そう、そう。自分たちの学問はこういう状況に直面して役に立つかということ。つまり、立たないことがあるの。役に立たないことがあるから、男の人はけんかするやら、外へ出ないで昼間から宿屋でお酒を飲んでるのよ。だけど、女はそんなことをすることができないから、だから私はこうしようと。私のできることをすると決めて、スケジュールを立ててやったんです。つまり、自分の学問に対する自己反省というか、恥じらいね。現実に役に立たない学問をやってきたんだなという、そういう自己反省ですよ。男の人はそういうイライラがあるとけんかするのよ、それでお酒飲むのよ、はじめはね。

松居　しかし、春と夏とずっと続けられていて、そういうことを何年かくり返されていたわけですね。

鶴見　だいたい七、八年ぐらいですね。

松居　その時、最初に熊楠の『全集』を手に取って読まれたというのは、覚えていらっしゃいますか。

鶴見　その時にはじめて『全集』を読みはじめたのよ。

松居　どこでですか、水俣ですか。

鶴見　いいえ。水俣へ行ってる時は水俣のことしか考えないのよ。まるで馬車馬になっているのよ。もう目かくしなのよ。そのことに集中することができるから、あそこに籠城するのよ。

松居　それで水俣から帰られて、東京でその南方熊楠の『全集』を手に取られた。

鶴見　それで読みはじめたの。田村さん、じっに私の悪いところを突いてるのよ（笑）。だから私、水俣に熱中してるでしょう。それで何か読むと全部そこへつながっちゃうのよ。もうそのことしか考えられないという状況だったの。東京へ帰ってきても、そのことしか考えられないから、講義でも水俣の話をやってるの。神社合祀反対運動みたいなものよ。

松居　その時に、たとえば熊楠の土宜法龍宛の書簡だとか……。

鶴見　それから神社合祀反対意見書（「神社合祀に関する意見」）ね。

松居　そういうものを読まれた。それで読んで、たとえば大学の講義ですぐにそのことを教えられた。

鶴見　いや、すぐには出せませんね。まず、『南方熊楠』という本は最初は「日本民俗文化大系」の中の一冊として書いた。それを書いた後では使ったけれど、書いてるあいだも水俣の話はしたけれど、南方熊楠について話しはじめたのは、書いた後ですね。書いてるあいだには、こいつ何だろうと。わからないわけよ、南方熊楠というのが。南方熊楠が「心不思議、物不思議、事不思議」なんていっているけれど、われわれにとっては「熊楠不思議」なのよ。こんな不思議なやつがいたのかという、そういう驚きで見てたわけよ。だからそれと水俣がくっついちゃうわけよ。アリタレーション（頭韻）でしょう、ミナマタ、ミナカタでしょう。だから南方のことをいってるんだか、水俣のことをいってるんだか、もうわけがわからなくなっちゃったのよ。そういう混乱状態で書いたのよ。だから田村さんが突いたのよ、そこを。

田村　でも、そういった状況だからこその読みといいますか、非常に力のある熊楠像を打ち出されたと思います。

鶴見　いや、力があるかどうかわからないけれど、頭がそっちの方に向かってるときに、南方書いたんだか、水俣書いたんだか、わけがわからないという状態だったの。

松居　ただ、田村さんも論文の中でかなり指摘してますけれども、そこはやはり先生は社会学者として非常に冷静に書いていらっしゃる部分も、他の論者に比べるとかなりあると思います。南方熊楠がエコロジストだという一本槍で書かれたものじゃなくて、ある幅のあるなかで、エコロジー的なものを熊楠がとらえていたという書き方をされていることは、田村さんも指摘していると思います。

鶴見　「時代錯誤だ」と。

田村　表現が悪くて申しわけありません（一同笑）。

鶴見　いやあ、やられたなと思って、こいつはやられたから、これはこういう状態で書いたのよっていうことを、はっきり、弁明ですよ。これは「ソクラテスの弁明」をしなきゃいけないと思ったわけ。

松居　ほかの南方熊楠論というものも並行して読まれていたんですか。

鶴見　読んだら、そういうふうに書くと悪いけれど、噴飯物なのよ。だって、これは奇人だ、これは変人だ。それから一番まともなのは、桑原武夫さんや益田勝実さんの「知の饗宴」、それは確かだけれど、「知の饗宴」というのは、理論がないということを意味して「知の饗宴」と書いた。確かに饗宴なのよ。読んでるとおいしいものを食べてるような感じなのよ。で、食べ物がいっぱい出てくるのよ。これもおいしい、これもおいしい。じゃあ、どれが一番おいしいのかわからなくなっちゃうの。「知の饗宴」は確かに当たっているけれども、「知の饗宴」を裏返すと、何を言おうとしたかというと、「理論がない」。私、それに反発したの。

じつはいろんな方が書いたものを見て、どれを読んでも、熊楠に理論がないという点で共通してるの。それじゃあ、私はどういうふうに切るか。で、自分の切り口が曼陀羅のところへきたときに、これだと思って、そこに集中したの。何しろ私の指導教授のマリオン・リーヴィというのは、いつでも「ぼくは仮説ばっかりのボーイですから」というんだけれど、ほんとにそうなのよ。理論ばっかりやって、それで社会学を理論でがっちり組まなきゃと、そういう理論構築の手法を教えてもらったわけよ。だから私はそれを自分の手でやってみようと。先生の理論をそのまま受け売りするんじゃなくて、構築の手品の種明かしをしてくれたんだから、私はその手品をもう一度やってやろうと、そういう気持ちで帰ってきたでしょう。そこへこれを見たら、ここにいい種があったぞというのが私の発見よ。

粘菌への着目

松居　もう一つ、おもしろい点は、粘菌を中心にもってこられたという点ですね。

鶴見　粘菌がおもしろかった。それがなぜおもしろかったかというと、社会学のはじまり、ちょうどあのころの社会学者の書いたものは、社会学だけじゃなくて、生物学でもほかのものでもみんな、物事のはじまりに関心があった。*The Elementary Forms of Religious Life*（『宗教生活の原初形態』）、これはデュルケムですよね。それからタイラーも、一番はじめはどういう信仰であったか。それがトーテミズムとかアニミズムです。つまり、エレメンタリ・フォーム、生命の最初は何であったかという、最初に遡って考えるというのを非常に尊重して、みんな自分の学問の中で最初に遡って、いままで何をしてきたか、なぜこういうふうになったのか、何からはじまったか、ということを探しはじめた時代ですよね。それが学問のやり方だったわけよ。民俗学よりも民族誌の時代です。民族誌というのは、「こういうところから、われわれ近代人になったんだ。はじめはこういう考えで、こういう信仰をもっていたんだな」というのを、イギリスとかアメリカとか、自分はもう近代人と思っている人が、「近代以前」とされた社会へみんな探しにいって、民俗学、民族誌をはじめたわけでしょう。だから「エレメンタリー・フォーム・オブ・ライフ」というのは何だろうといって、南方がこれだと思ったのは、自分がやっている粘菌だ。これが「ジ・エレメンタリー・フォームズ・オブ・エブリ・リヴィング・シング」だ、そう思ったんじゃない？　それで粘菌に集中した。それと彼の方法論はつねに結びついているの。

松居　それはもちろん、熊楠は粘菌学者として知られていましたけれども、そこまで熊楠の粘菌研究というものが学問全体と結びついていると指摘したのは、先生がはじめてだと思います。

鶴見　そうですか。だって明らかじゃないの。ほんとにどうしてみんな、「ジ・エレメンタリー・フォーム」という論文ばっかり書いてるんだろうと、私、すごく不思議に思ったの、アメリカへ行って、社会学をはじめた時。つまり社会学の前は、だいたい民族誌ですよね。民族誌というのは、われわれよりももっとずっと前の人は、どういう頭の構造であったか、どういう信仰であったか、それを一生懸命探していたのが、社会学のはじまりだと思うんです。それで、南方の時代はそういう時代であったんだな。そしてたまたま粘菌を自分が調べたら、「ああ、これだ」と思ったんだな。だからそこからすべてが発しているんだな、そういうふうに思ったのよ。

松居　それでやっぱり熊楠の著作を読んでいて、その粘菌に彼が思い入れをもっているということを読みこまれたわけですね。

鶴見　だって、書いたでしょう。「われは日本のゲスネルたらん」。だから若い時から「ゲスネルたらん」といったのは、それは採集して、まだ見つけてないようなものも見つけて、そしてこれを調べて、そういうふうに思ったのは、「ジ・エレメンタリー・フォーム」を追求したと。そういうことだと私は思ったの。

松居　それは熊楠の何をまず読まれて、そういうふうに直観されたんですか。

鶴見　何しろこんなもの読んだことないのよ。南方熊楠の名前も聞いたことがないわけ。だから「私は全然知りません」といったのよ、長谷川興蔵さんに。私、ここに長谷川興蔵が出てくるといいと思うの。上智の研究室に入ってきたの、全然知らない、ぼそっとした男が。それで、『南方熊楠全集』を出しております。平凡社の編集者です」。そう自己紹介して、「つきましては、それぞれの巻に解説をつけてあります。あなたは次の第四巻の解説を書いてください」。私がポカンとしたのよ。「何ですって、私、南方熊楠なんか読んだことありません、知りませんよ」といったの。そうしたら、「いや、南方熊楠の専門家はおりません。だから読んだことがなくても、これから読んでごらんなさい」といったのよ。「ああ、そうですか。それじゃあ、持ってきてください」っていったの。『全集』が出てるなら、いままで出てるのを持ってきてくださいっていったの。何を最初に読んだかはわからない。何しろ第四巻の解説をというけれど、第四巻が何を書いてあるのかも知らないわけよ。

松居　『全集』の第七巻、つまり曼陀羅論を含む巻はもう出てたんですね。

鶴見　出てない。それは全然、後なの。はじめは「十二支考」ぐらいのところを読んだんじゃない？　でもあれは理論はないのよ、ただおもしろいお話で。土宜法龍書簡のあれを読んだ時に、ハッとひらめいたと思う。

松居　それは解説を書かれた後ですね。

鶴見　解説の後ですよ。あのころは「曼陀羅」と一言も書いてない。ただ、私は読んだけれども、南方を読む時の下敷きになったのは柳田です。私、柳田を読んでなかったら、南方を読んでも、これがどういう特徴をもつものかということをわからなかったと思う。私は柳田ばっかりだったんです。内発的発展論もはじめは柳田国男。そして柳田がいうのは、昨日も申し上げましたけれども、「このことは日本にのみにあることなり、他の国にはないことだ」と、何か一つ見つけると必ずいうのよ。それがちょっと気に障っていたのね。いや、そんなことないだろうと思って……。

〝古今東西南北〟の社会・文化を比較

鶴見　私はリーヴィに鍛えられているから、試験の時、先生に「どういう範囲で試験勉強をしたらいいですか」といったら、「古今東西南北、すべての社会に渡って比較するんだ。だからすべて読め」と。でもそんなことできないでしょう、一年ぐらいのあいだに。

田村　先生の書かれてる中で、「古今東西南北」という表現が大変印象に残ったんです。

鶴見　いや、だって東西じゃどうしようもないじゃないの。だから東西南北よ。

田村　それはリーヴィ教授の使われた表現だったんでしょうか。

鶴見　いや、リーヴィは英語でいったからね。日本語では東西だけれど……。「エヴリシング」といったの。「みんなだ、みんな入るんだぞ」といったから、これは大変だ、私は「一年間に間に合いません」といったんだけれど、「それをしろ」というのね。それが頭にあったの。比較は、古今東西南北の社会および文化を全部比較できるような視野に立たなければだめだ。そういうふうに教えこまれたの。私は答えを出したけれど、私の前の年に、ジェネラル・エクザミネーションがあった時に出した問題は、「社会学に対するアリストテレスの貢献を述べよ」。それで怒っちゃったの、学生の男の子が。「アリストテレスは社会学じゃありません」っていったら、リーヴィが怒りだしたの。「なんだ、アリストテレスは社会学だぞ」って。それでまたやったのよ。講義というよりだいたいゼミですから、ゼミをやって、「アリストテレスの貢献は何だ」といったのよ。それだから「フォーマル・ロジック（形式論理）」と私がいったの。当然でしょう。そうしたら「ああ、そうだ」といって、それで私、おぼえがよくなっちゃったの。だって、「フォーマル・ロジック」というのはあたりまえじゃないの。

田村　それはあたりまえすぎて、なかなか言えないことですよ。

鶴見　社会学で「フォーマル・ロジック」じゃおかしいでしょう。だけど、とても合ってるの。つまり、アメリカ社会学はフォーマル・ロジックだけでやってるの。それじゃあ、だめだというのが私の考えよ。だから私が「フォーマル・ロジック」といって、先生が「そうだ」といったあと、その教師を私は乗り越えなきゃならない。そう考えたの。内発的発展論というのは、そういうわけなの。

理論と実地のせめぎあい

松居　それで水俣に行かれて、実地にフィールドワークをされることで、フォーマル・ロジックでない世界というのが出てくるわけですね。

鶴見　いままでにない世界、それじゃあだめだ、と。

松居　それに対処されようとして、しかし、苦闘されていて、そこに南方熊楠がはまってきたと。そこは非常によくわかるところなんですけれども……。

鶴見　いや、南方熊楠はぴったりなのよ。だから私は実際に南方熊楠に溺れたのよ。だけど、溺れる前に溺れてたのが水俣の海で、そして南方熊楠にすくい上げられたのよ。

松居　しかし、南方熊楠自身も、水俣で経験されたような苦闘というのを、神社合祀反対運動の時には抱えていたわけですね。いろんな矛盾があって、たとえば、神社合祀の推進派には自分の身内の、奥さんの方の親戚なんかが入っているというような……。

鶴見　そうなのよ。だから奥さんを殺そうとしたの。

松居　そのへんの、社会活動家としての南方熊楠の、学問では割り切れないところを、どういうふうに考えていらっしゃるのかなというのが知りたいのですが。

鶴見　いや、それもすごく興味があるの。千田さんが「葛藤」ということを書いていらっしゃる、矛盾と葛藤ということを。それだから活動にとくにのめりこんだというんだけれど、それを乗り越えようとしたの。やっぱり葛藤があって、それをどうやって乗り越えるかというところで学問の展開があるんだと思うの。それがなければ、学問の展開というのは……、いままで一生懸命勉強してくるでしょう。だから一生懸命勉強したものをずっと続けたいと思うじゃない、ふつうなら。だけど何か現実に出会って、これは何の役にも立たないと思ったら、どうしたらいいかわからなくなって、混乱状態、カオスになるわけよ。カオスの中から自分というものを、どういう道を辿っていくかという、そこを見つけていく時に熊楠に出会ったのよ。そういう出会いの不思議さがあるの。

松居　そうしますと、南方との出会いは、南方の示した、たとえば理論や主張ということとは別に、アクティヴィスト南方ということは、とても大きかったでしょうか。

鶴見　それが、アクティヴィストと私は思ってないのよ。これはフィールドワークだと思っているの。実地調査に役に立たないような理論じゃ、社会学にならないじゃないの。私はフィールドワークというものは、理論と実地とのせめぎ合いだと思うの。だから私、それを社会活動だと思っていなかったのよ。水俣に入った時、何か社会活動をやっていると全然思わない。フィールドワークをやりましょうっていってやったのよ。

松居　ただフィールドワークとしての枠組みを乗り越えないといけないという瞬間が、どうしても出てくるんじゃないでしょうか。

鶴見　そう。それまで私は上智に呼ばれて入っていく時に、その時の初代の上智大学の国際関係研究所の所長が武者小路公秀さんで、電話がきて、今度、国際関係研究所をつくりますが、あなた来ませんかっていったから、私はそのころいた大学にもう嫌気がさしていた。そういうことを発表したらよくないけれど、ほんとに嫌だった。だから、ああ、いいなと思ってね。でも、私、いま関心があるのは柳田国男なんです、と。柳田国男をそこでやったらおかしいでしょう、国際関係だから。いいえ、ちっともかまいません、それをやってくださってけっこうですからというので、それじゃあ、行きますって、二つ返事で決めたの。それだから、そこへ行って何をやるかといったら、まず、近代化論をやってきたわけ。近代化論再検討研究会をやりますといって、そこで柳田国男をやって、どうやってリーヴィのアメリカ流近代化論を日本に適用できるような形につくり変えられるか、それを考えよう、それではじめたのよ。だからはじめは柳田国男なの。

松居　それが「われらのうちなる原始人」（『コレクション鶴見和子曼荼羅Ⅳ　土の巻』所収）と。

費孝通との出会い

鶴見　それで、それをやって、一応、理論的な段階は終わったの。それじゃあ、今度はこの理論をもってフィールドに行った時に、役に立つかどうかやってみましょうということになって、それで中国に行きたかったのよ。ところが、その時、私は中国ではじめて費孝通さんに会ってるの。そして中国でフィールドワークがやりたいといって、私の内発的発展論の話をしたの。そうしたら、費孝通さんはすごく共鳴してくださるの。それぞれの社会で、それぞれの社会の自然生態系に根づいて、それぞれの社会の伝統に深く根ざしてきた理論、それによって発展の道すじをつくっていくのであって、アメリカから、イギリスから出てきたものを、ここに適用するのはよくないと。

まず、そういうところから話をはじめたら、そうだ、そうだと共鳴してくださったの。それじゃあ、中国でそういうフィールドワークをやらせていただけませんかといったら、いまは早いと。いま自分がやっているところだから、ちょっと待ってくれ。いま来たら、赤ん坊を水に流すようなものだと。それで私は待ってたら、彼が向こうからやってきたの。それで、自分がいまやっているところに来ないかと。それが江蘇省の小城鎮研究、それでそこへ行ったんです。

だから中国に行かれなかったから水俣に行ったんですよ、最初は。で、水俣がすんでから中国に行ったの。来なさいと言われたから。だから水俣へ行ったのは、社会運動をするとか、政治活動をするという、そういう意味はまったくなかったんで。そうじゃなくて、フィールドワークのフィールドを探していた時に、ちょうど出会ったのよ。だから神社合祀と、もちろん、結びつくにはつくんだけれど、入っていった時に、これが社会運動だとは一つも考えてない。もう学問の問題にそのころは熱中してたもの。

——費孝通さんとはじめてお会いになったというのは、日中国交回復のころですか。

鶴見　いや、その後です。日中友好国民協議会、竹入〔義勝〕さんという人が公明党の委員長をやってて、公明党が日中友好に非常に熱を入れてた時代で、それが日中友好国民協議会というのをやっていたんです。そこで学者を集めて、中国の研究、フィールドワークをやるという学者が、そういう集団をしょっちゅう送りだしていたの。その時に、そこにいた東大の、ソビエト研究の菊地昌典さん……。

田村　私が学生の時、まだいらした、よく覚えております。

鶴見　あの方とか、早稲田の西川潤さんとか、いろんな学者の方がいたの。それで毎年送っていて、ここに一人も女がいないじゃないか、女を入れたらどうだろうかと。女の学者なんかいるのかなんていう話になって、いないだろうといったら、だれかが鶴見和子はどうかって。それならやってみようかということで、私に話がきたの。それで私は、ずっと戦後、竹内好さんに中国語を習っていて、アメリカで費孝通さんの本をずいぶん読んでたの。*Peasant Life in China*（1939）というのを。それだから、とても興味もあって、行きたいと思っていたの。それですぐ乗っかって行ったのよ。行ったらすぐ謝冰心さんと出会ったの。謝冰心さんとは、昔からの友だち。謝冰心さんが東京に来てた時に知り合ったの。それで謝冰心さんは何をやっているかというと、いまは少数民族の研究をやっている。で、費孝通さんといっしょにやっている。あなた、費孝通さんといっしょにやっているの、私、費孝通さんという人にぜひ会いたいわって。じゃあ、お隣にいるからすぐ連絡をとると、連絡をとったら費孝通さんは私の泊まっていた北京飯店に来てくれた。それで部屋で一時間ぐらい話して、内発的発展論、それで共鳴したの。それで知り合ったの。

——日中国交回復の前後、七二、三年でしょうか。

鶴見　だから水俣調査がちょうどはじまったころ……。つまり、費孝通さんに断られたから水俣へ行ったというのが、経緯として、現実としては一番正しいの。

——その会われた時に、費孝通さんからまだ早いと。

鶴見　まだ早い。いま自分がやっているところだから、まだ早いから待ちなさいって。それで向こうは覚えていてくれて、日本に来た時に私に会いたいといってくれて、私の家へ来てくれたの。それで中国のフィールドワークがはじまった。

松居　一九七八年ですね。

田村　昭和五十三年になりますね。

鶴見　そして水俣調査をはじめたのが一九七六年。だいたい七〇年代。だからいろんなことが重なっているんですけれど、これはまったく学問的な意味合いからはじめたことなの。

田村　社会学者として実地のフィールドが必要だった時に、費孝通さんとの出会いもあり、水俣との出会いもあり、そういうフィールドをはじめたころに、南方と出会ったという……。

鶴見　そうなのよ。

熊楠との出会い

松居　南方との出会いは長谷川興蔵さんがもたらしたということですね。

鶴見　私、長谷川さんに、亡くなる前に聞いておけばよかったのにと思うことがあるの。なぜ私にもってきたか。というのは、「日本民俗文化大系」の編集委員会というのがあるんです。その中には宮本常一、上田正昭、それから何人かいらっしゃるの。だいたい五人ぐらい。それで私にもってきたのはどうしてか。長谷川さんになんかの機会に聞いたら、私がどこかの新聞の小さいコラムに「南方熊楠の神社合祀反対運動は、日本における公害反対運動のはしりであると書いてありましたよ」。「へえー、私、覚えていません」。覚えていないのよ。

あのころ、なんでも頼まれるとチャンチャカチャンチャカ書いてたのね。それでその時に書いたんでしょう。どっかでちらっと熊楠を読んだんでしょうね。『全集』を読んだんじゃないの、最初は。まだそのころは読んでない。「それできたんですよ」と長谷川さんはいったの。だけどその後、京都であった国際会議の時に、宮本常一さんと同じテーブルで食事をしたの。その時に宮本さんが、「私があなたを南方熊楠の解説にご推薦いたしました」と。「ありがとうございます」といって。宮本常一さんというのは、個人的にそれまで知らないのよ。そこではじめて会った。ありがたいことでと、そう思いこんでいたの。そうしたら今度、別の機会に、上田正昭さんと会ったの。そうして、「私があなたをご推薦いたしました」と。「ありがとうございます」。これで二人になったの。二人推薦者がいればだいたい入るんだろうと思うけど、なんで私が推薦されたかが、そのころはわからないのよ。だからきっと長谷川興蔵さんがいったんでしょうね、ちらっと読んだものを。ああ、そうか、そういう見方もあるのか。それじゃあ、鶴見にやらせてみようかみたいな軽い話だったんでしょう。だけどほかの人はみんな南方を担当したかったのよ。というのは、まだ未開拓の地域でしょう。もう柳田なんかほとんどやられているし、折口なんかもむずかしいけれど、ちゃんとあるわけよ、専門家が。それぞれ民俗学者の専門家がいたわけよ。で、南方だけがいなかったという、新しい未開の土地だからやりたかったのよ。それで私にもってきてくださったのは、ほんとにありがたいと思って、長谷川さんと宮本さんと上田さんに、いまでも頭が下がる。

松居　先生は、乾元社版の『全集』の方はお読みにはなっていなかったんですか、その時は。

鶴見　ああ。乾元社、昔に出たやつね。

松居　先生がコラムにお書きになったというのは、ひょっとして乾元社版の『全集』をお読みになったかと……。

鶴見　『全集』なんか読んでない。たくさん読んでないけれど、ちらっと神社合祀反対運動というのがあったということを、どっかで見たんでしょうね。そして水俣をはじめるころだったから、それに関心が……。それまでは田中正造だけあったわけ。田中正造が先駆者。だけど、なんだここにもいるじゃないかというので、ちょっと驚いたんです。

松居　いまそのお話をうかがって、いくつかポイントというか、おもしろいと思った点があるんですけれども、一つは水俣に行かれて、それでいままでの学問はだめだというふうに思われて、それで南方と出会われて、で、南方熊楠自身も神社合祀というなかで、学問では通用しないような世界のなかで、なんとか社会活動を実践しようとしていた人だということ……。

鶴見　あれはほんとに実践ですものね。政府の勅令でしょう。

松居　ええ。それでそういうことというのが、もちろん、学問というのは現実の社会を分析することにあるんですけれども、そこで現実の社会にコミットしていかざるをえないところがどうしてもあって、そこのところを熊楠はある部分では成功し、ある部分では失敗し、その成果がほんとにいま残っているかどうか。それでいま残っている部分、あるいはいない部分というのを、どういうふうに考えて、これは学問の範囲を越えるわけですけれども、私たちが熊楠を生かすためにどういうことができるのかということが、いまのお話を聞きながら、重要なポイントだと思ったところなんです。

それともう一つは、内発的発展論のことを、中国の例でおっしゃったんですけれども、いまのグローバリズムのなかで、こういう内発的発展論というのがどういうふうに生かせるのか。あるいは修正しなければいけないのかというようなところと、この二点をちょっとこちらの方から細分化してみて……。

鶴見　その二つは別々に考えなきゃいけない。

松居　ええ、別の問題です。

紀伊の森の現状

鶴見　最初の、南方熊楠の神社合祀反対運動は、どういう点でいまにプラスのものを残したか、どういう点が足りなかったかということですね。

松居　熊楠の神社合祀反対運動は、事実からおさえていきますと、一九一八年に政府の方針が誤りだということを認めさせることにもなったんですけれども、やはりずいぶん遅くはじめてしまったということがあって……。

鶴見　だって、すでに破壊しちゃった後です。

松居　ええ、破壊された後ですね。それはその当時の問題として残るんですが、その後、熊楠のエコロジー、生態系というような考え方が受け継がれたかというと、まったくそんなことはなくて、たとえば、いま紀伊半島に行きますと、全部、植林になっていて、杉林と化している。

鶴見　それが現在の花粉症に結びついている。

松居　そこはまさにそうですけれど、土砂崩れがあちこちに起こって、はげ山になる寸前のところもずいぶんあるんです。これは紀伊半島の森の現状で、南方熊楠の森というのはもう八割から九割方は破壊されているのが現状です。だとすると、南方熊楠がやろうとしたことは、受け継がれていないということを前提として、われわれは考えなければいけないんだろうと。なぜ受け継がれなかったのか。受け継ぐためには何が必要だったのか、ということを現実的に考えていかなければいけないと思うんです。

田村　水土の思想といいますか、治山治水の技術は江戸時代にも存在し、それが近代の方に受け継がれていなかったという問題を、先生はご指摘されていますね。

鶴見　そうよ、そこにもあるわけよね。切っちゃったからね。江戸時代の治山治水を受け継がないで、外から入れた。だからそれも内発的発展論の問題なの。受け継いで、それを伸ばしていかなきゃいけない。そうすれば、それぞれ社会で受け継ぐものは違ってくるから、発展のやり方は違ってくる。いま中国がそうでしょう。内発的発展ということを、費孝通は考えているの。ところが、大きな波としてはどんどん破壊してくるでしょう。それでダムを造った。それだからいま、大荒れに荒れているのね。日本が通ってきた道を、いま中国はもっと大きく——あそこは大きいからね——規模雄大にして、いま経験しているわけね。だけど受け継ぐというのは、たとえば、非常に小さなところかもしれない。松居さんが南方研究をはじめて、そしてこういう受け継ぐ面々を育てているでしょう。少なくとも、ちゃんと組織を、というと嫌な言葉だけど……。

松居　仲間の輪が広がって……。

鶴見　ネットワークをつくっているでしょう。そしてこれからをめざしているでしょう。それはほんとは何かはじめる人は、それをやらなきゃいけないの。たとえば、藤原さんは非常にめずらしい、そしていまの社会にとって有益な出版事業をはじめたでしょう。だけど自分がやるだけでなくて、若い編集者をほんとに育ててるんです、それなのよ。人間を育てるということがほんとは大事なのね。

松居　熊楠の場合はそこができていなかったということですか。

鶴見　いや、できていなかったでしょう。

熊楠は後進を育てたか

雲藤　いや、ちょっと待ってください。そこは熊楠の後半は、若手を育てたいという気持ちをもっているんです。

鶴見　そうよ、研究所をつくろうとしたのね。

雲藤　それもそうなんですけれど、今井三子《さんし》宛書簡の中で、それをいうんです。

鶴見　そういう資料が見つかったの。

雲藤　あるんです。まだ刊行されてないんですけれども、私はすでに翻刻を終わっているもので、北大の今井三子宛書簡の中では、今井三子からずいぶんいろいろな標品類や図譜なんかを見せてくれたと。

鶴見　それはどういう形で残っているの？

雲藤　往復書簡です。

鶴見　それはだれ？

雲藤　当時、北海道帝国大学の助手をしていた、今井三子という植物学の菌蕈《きんじん》類（キノコ）の研究をしていた人なんです。その方から熊楠に宛てて、南方先生のお持ちの標品類を見せてくださいと貸与を申し出たんです。それはじつは、熊楠はまだ整理がきちんとしていなかったものだったんですけれども、何週間にもわたって整理して、今井に送るんです。
鶴見　それに熊楠はどのように答えているの？
雲藤　今井三子はまだ若手の三十そこそこの学者さんだったんですけれども、その申し出に対して本当に真摯に、自分の寝食を削ってまでその申し出に真剣に応えて送るんです。そして最後に、今井三子に対してではなくて、別の人に宛てた書簡に書いているんですが、「いや、こういうことをやっているのは、自分にとっては何の得にもならないんだけれども、それでも自分は、いま、若手を育てたいんだ」と読みとれるような箇所があるんです。その側面は、まだ皆さんは知らないと思うんです。
鶴見　それは彼が何歳ぐらいで、何をやっている時？
田村　昭和五、六年じゃないですか。
雲藤　そうですね、もう六十代になってからです。
田村　御進講の後ぐらいですね。で、キノコ研究のジャンルですね。
鶴見　それでどういうものをする人を……、だって南方だったらすごく入口が多いから、どの部分を受け継ぐ人を育てたいと思ったの？
雲藤　ですから、菌蕈類の部分は専門的ではなかったんですけれども、それでも興味をもって収集していたんです。その部分に今井三子さんという人がアプローチをかけてきてるので……。
鶴見　ああ、菌類。菌類の収集および研究。

雲藤　粘菌ではないんです。ですからそっち側の部分で、そういう申し出に対して、自分の時間を割いて、そして文章を書いて雑誌に載せて収入を得るということもちょっと犠牲にして、今井三子さんにやっていたんです。そういう側面はまだ南方熊楠に対する研究がないんです。ぼくは今井三子の書簡をやっていて気がついたので、ちょっと小文を書いて、まだ発表してないんですけれども、あるんです。

鶴見　若い人を育てるというのは、インスティテューション（制度、組織）としては大学があるわけよ。だけどあの人は大学の教職に就くという話があった時に、何か起こってそれが消えるという、そういう経験を何度もしてるわけね。私、昨夜も考えて、おかしいことだなと思った。そうすると、育てられないわけよ、インスティテューションの中で。つまり、職業として育てられない。ところが、熊楠は自分のお金を割いて育てようとしたのね。だけど、とても無理なのよ、それは。自分にとっても無理だし、相手にとっても無理なの。だからほんとに育てようと思ったら、インスティテューションの中に入るという道が一つあるんだけれど、そういうのにあんまり関心を示さなかったのね。

松居　というか、できなかったというような性格的な問題もかなりあると思います。

鶴見　私、そう思うのよ。戦争が起こったから、イギリスで教職に就くはずだったのがふっとんだ。あれは確かに事件だったけれど、それは外からふっとばされた。それから種智院大学を土宜法龍がつくった時には、土宜法龍が高野山管長という行政職に移ったためにふっとんだ。それぞれ理由はあるけれど、彼自身がそれでよかったなと思ったんだと思うの。ふっとんでよかったなと。自分のやりたいことをこれでやれるわいと。私、そう思ったと思うの。とくに教職について若い人を育てようと、そういう考えはなかったと思う。

雲藤　教職について若手を育てるという考えは、なかったです。ただ、晩年になると心境の変化があったような、書簡を読んでいると、晩年になると自分も少しでも若い人を育てたいということを述べています。熊楠は、「自分は一生を夢のように生きて、今は年もとってきた、これからはなるべく英俊の人材を育てる手伝いをしたい」ということを今井に書いているんです。これは、熊楠が数えで六十八歳のときのことです。実際に小畔四郎さんとか、上松《うえまつ》蓊《しげる》さんとかは……。

鶴見　ほんとに目をかけている人がいるのよ。

雲藤　そういう側面はあるんです。

鶴見　個人的にね。

雲藤　ええ、個人的なんです。熊楠の場合は個人的ですね。

田村　ちょっと補足しますと、変形菌関係の周りとのやりとりは、これまでにかなり活字になり、わかってきたことがあります。イギリスのリスター親子と熊楠とのあいだのやりとりも、その一部はすでに公けになっています。それらを見比べてみますと、リスター親子とのやりとりで、文通で教育を受けたという面が熊楠はありますが、自分が受けた同じような教育を、小畔なんかに対して意図している面がはっきりあります。

雲藤　通信教授という言い方をしていますね。

田村　ええ。これがある段階から先、確信として後進を育てるという意識になったかどうか、そのへんまでは簡単には言えませんけれども……。

鶴見　ちょっとそれは、あんまりないんじゃないかな。

田村　ここのあたりははっきりは言えませんが、変形菌に関してはほんとに早い時期から、一九〇六年ごろからの取り組みで、自分もそういう形で知識を増してきたことを踏まえて、後進を育てているということは言えると思うんです。それが、キノコ関係については、熊楠とほかの研究者との関わりが、これまでまったくわかっていなかったことなので、雲藤さんがいま読まれているものは、まったく新しい……。

鶴見　そういう考えが芽生えていたとしてはおもしろいけれどね。それが非常に強い関心ではなかった。

田村　組織的な取り組みではありませんし……。

鶴見　私、一つは熊弥さんにおける挫折ということがあったのではないかなと。つまり、熊弥さんがああいう病気になった時に、自分がまちがったということをいっていますね、書簡か何かで。熊弥さんは学校嫌いでしょう。つまり、高等学校に入学させるために、四国にやったわけでしょう。その途中で病気になった。だからあんなところにやらないで手元において、自分が育ててやればよかったのにという後悔の言葉は書いてありますね。それはすごいショックだったと思うの。後進を育てるということについても、自分の子供さえも育てられなかった。あれはすごい……。それでうんと引っこんだんじゃないかな、育てるということについて。

千田　ただ、小畔さんたちとの通信教授というのは、植物学関係のことに限られてしまいますね。しかし一方で熊楠は自身の思想について、「言語論議をもってあらわしえぬところ」と書いています。そういう意味では、それを人に伝えるとすれば、言語と論理を駆使すべきアカデミズムよりも、寺での修行の経験であるとか瞑想とか、そういったものの方に近くなってくるような気がするんです。もしそういった方向性での教育というものが実現していれば、いま現在の熊楠に対する理解とか評価とかというものは、全然違ってきたんじゃないかなと思うんです。

鶴見　だけど、曼陀羅論を人に伝えようという、そういう意思が見られますか、どこかに。あれは何しろ土宜法龍書簡にしか書いてないからね。英文で書こうとしていたということは、昨日のお話でわかって、それをしてくれていたらどんなに私は助かったか。私自身の利己主義からいうんですけれど、それは助かったと思いますよ。

5　熊楠はオンナかオトコか

南方曼陀羅は外国人が興味を示す

松居　熊楠は当時、どれだけ理解されていたか、熊楠は理解されるかどうかという疑問があったと思うんですけれども、案外、いま熊楠の曼陀羅の考え方をアメリカにもっていったり、ヨーロッパにもっていったりして示すと、おもしろいという人が多いんです。

鶴見　おもしろいっていうのよ。物理学者がまずおもしろいという。

松居　私も二年前にサンフランシスコで学会があった時に、ほとんど鶴見先生が書かれている曼陀羅の理解に添って、そういう発表をしたら、非常におもしろいと。萃点という考え方がセンターではない。いままでセンターということをいつも問題にして、何かの中心ということで考えていたんだけれども、ああいう移り替わる萃点というもののとらえ方は非常におもしろいし、これは使えるだろうというようなことを、いろんな分野の人がいうんです。ですから熊楠がどう思ったかわからないけれど、熊楠の曼陀羅というのはかなり普遍的なものがあって……。

鶴見　私はそう思っている。やってみると、ジョゼフ・ニーダムが日本に来た時に、国際文化会館でニーダムの講演会があったの。その時、私は行って、後で熊楠の話をしたんです。それはおもしろいといってくれたんでね……。あの話をうまく向こうがわかるような言葉でいえば、これはおもしろいという人はあるのよ。

パラダイムの転換には勇気がいる

田村　熊楠は自分の理論を発表するという点でも、努力というか、意欲が薄いところがありましたし、それから教えるというか、後進を育てることには……。

鶴見　教えることに興味をもたなかったわね。

田村　やっぱり意欲を失った、そういう時期が長かったように思います。

鶴見　だけど私、それすごくよくわかるのは、ユングの曼陀羅論だって、自分で毎日違う曼陀羅を書いてたわけよね。で、それが自分の病気を治すために、とても効果があるということを発見したのよ。でも、それは言えないよね。何年も自分の中に、ただ、毎日書いて収めておいた。ところが、アジアから帰ってきた僧侶かな、そういう勉強して帰ってきたイギリス人が、曼陀羅というものはインドにあるんだよ、アジアにはあるんだよ、ということを教えたら、とたんに安心して、ユングは曼陀羅論を書いて刊行した。そういうふうに書いてありますね。私、すごくそのことわかるの。つまり、パラダイムというものが支配的なんです、学界では。ある一つのパラダイムが。そこへパラダイム転換をするという、少しずつ割れ目を開拓していく人がいる。だけど、その人はとっても心配なのよ。こんなことといって、みんなから総攻撃受けるだろう、やっつけられるだろうと。自信がないのよ。つまり、ほんとに勇気を有することよ、パラダイム転換って。

松居　熊楠がそのパラダイムの中にいたら、確かにそのパラダイム転換を起こすような論文を書くのは怖いかもしれないいんですけれども、熊楠はそういう学者という枠組の中からはずれている人ですよね。

鶴見　はずれてはいたのよ。確かに自分で自分を仲間はずれにしてたの。だけど、やっぱり土宜法龍ならわかるというので、土宜にさかんに書いた。だけどこれは重大な論文であるから、返してくれよといって、返してもらったの。だから重大性は認識してた。だけど、わかってはもらえない。つまり、ばかにしてたんだな、周囲を。

松居　そうですね。わかってもらえないという恐れというよりは、どうせお前らにはわからないだろうというような……。

鶴見　どうせあいつらにはわからないだろうと。土宜法龍に対してさえも、わかるかわからないか試してみようみたいなところがあるのね。

松居　土宜法龍はただ、最初の曼陀羅を受けた手紙ではどうやら、「至高の宝なり」というふうなことを書いています。これは飯倉先生が読んだものを、また聞きで聞いただけですけれども。ですから土宜法龍もやはり曼陀羅を読んで、これはおもしろいというふうにいったと。

鶴見　それはすごい。私、土宜がどう見たかというのが知りたくて知りたくてしょうがなかったの。それだから、私ができることは頼富さんにぶつけるということにして、どうですかとぶつけたのよ。そうしたらとてもいい答えが返ってきたし、土宜法龍も南方によって非常に眼を開かれたことだと思います、といってらっしゃった。

松居　飯倉先生はメモとして残されていて、まだそれしか私は読んでないんですけれども、最初のものを見て「至高の宝なり」というふうに書いてあったと。

鶴見　わあ、ほんと。じゃあ、ずいぶん自分で喜んで自信を得たでしょうね。

松居　そうでしょうね。

田村　少なくとも、こいつにはもっとたくさん書こうと思ったんでしょうね。

鶴見　それでどんどん書いたのね。だけど、怖いという気持ち、すごくよくわかるでしょう。学界というのは、ガンとこういうふうに押しこんでくるの。だから南方熊楠にしたって、私はそういうふうに解釈してる。

千田　もちろん、アカデミズムをばかにしていたという面もあると思いますけれども、やっぱりあれだけ革新的なことを考えていたわけだから、表裏一体で、まわりの評価をすごく恐れていたという……。

鶴見　気にしてた。
雲藤　けっこう気にしていたかもしれませんね。
千田　そのへんかなり小心者だったのではないかという感じを……。
鶴見　そうかもしれない。体は大きいけれど心は小心だったかもしれない。
千田　それは悪い意味でもなんでもなくて、アカデミズムに対して「なんでこの程度のことがわからないんだ」という見下したい気持ちと「なぜわかってもらえないのか」という悔しさ、寂しさを持ち合わせていたような。
鶴見　そう。だけど、ほんとはアカデミズムの中で暮らしている人は、小心者になるのがあたりまえと思うのよ。しかし、彼はその中に暮らしを立てていたのではないからね。それでちょっと不思議に思うのよ。でも、怖いことよ、それは。ちょっとでも違うことをいうのは怖いわよ。
千田　怖いですよね。
鶴見　私なんかいつでも違うことといってるから、もうこの歳になれば、死ぬ時になればなんでもいいけれど、書いてるうちに気になってくるの。あいつがこういうだろうな、こいつがこういうだろうなって。私、いつでもそうよ。いまになったらもうなんでも平気で書くけれど、大学に勤めてるあいだはやっぱり気になるわね。
松居　ただ熊楠はそういう大学からそれていたし、そういう学問の体制をまったく無視していたわけでもないけれども、そこから距離をとっていた。その距離の取り方がある種絶妙なところがあると思うんです。イギリスにいた時には『ネイチャー』とか『ノーツ・アンド・クエリーズ』とか、それから大英博物館で、向こうのスタンダードに合わせて書いていた。たとえばハーバート・スペンサーというような枠組があったら、その枠組の中で論文を書いて、相手がわかるような同じ枠組を使って書いているというところがずっとあって、それが那智に来ると、そこからやはり少し離れて、それを非常に客観化して、学問的な体系というのをまたひっくり返すようなものを書いていた。だけど、一方では植物学のものも、植物学の作法に従って送りつづけているという、その学問の体制の中に組み込まれなかったんだけれども、それを無視せずに、少し自分で距離をとって、それをなおかつずらしながら、活動をつづけていたというところがおもしろいと思います。

鶴見　そうですね。だからパラダイム転換というのはほんとに大変なことよね。

千田　そのずらし方というか、アカデミズムとの距離の取り方というのは、どの程度、意識的にやっていたのかという点も興味深いのです。無意識的にずれてしまう、つまりアカデミズムの枠組をある程度わかってはいるんだけれども、それよりも先生がおっしゃっていた、自分自身のレファレンス・ポイントを優先するために、どうも枠組みから逸れるという人がいると思うんです。そうしてみると熊楠の場合、自分自身のレファレンス・ポイントというのは絶対に譲れない性質のひとだったと思います。すると、植物学はまだいいとしても、科学と仏教を等置して考えるなどという思考にいたっては、アカデミズムの枠からみても、パラダイムの枠からみても、どうにも居場所がない、不自由極まりない状況だったのではないかと思います。そうなると、意識的にずれるというよりは、不可避的にずれるしかなかったんじゃないかと思うんです。

鶴見 だけど、もしここに熊楠がいて、こういう議論をわれわれがしてるとかいったら、「ばっかやろう」というと思う。「ほんとにお前たち、なんだ、くず虫ども、向こうへ行け」なんていうと思うね、ほんとに。私、そういう微妙なところに入ってはいけないと思うの。それでそういうことからじつは彼は自分を自由にしようと思って、どこの役職にもつかない。で、幸いにしてさまざまな事件が起こって、役職から見放されていた。それを利用した。利用して創造的に生きていく。私、そういうふうに考えたいの。

だからそういうふうに役職につかない、学校を卒業しない、大学を卒業しない、そして役職に就こうとしない。就けないか就かないかどっちかわからないけれど、何しろ就かない一生をすごした。そして大学者として往生した。そういう人物として私は一番惹かれるのね。継いだ方がいいと思うのよ。だけど、継げるものなら、一人で熊楠を継げるなんてことはできないと思うけれど、何人も知恵を合わせて、こういうネットワークをつくって継ごうと。そういうのが私、いいと思うの。熊楠の心に適ってると思うの。そしてそのなかで熊楠を批判する人も出てこなきゃいけない。いまのところ、私はどっぷりつかっているから、私、田村さんに言われて、ハッと気がついて、これはいかんなと思っているんだけれどね。熊楠を越えていくような、熊楠を踏みしだいて越えていくような人が出てきたら成功ですね。松居さん、どうぞそのような人になってください。

松居　私は無理ですけれども、こういう仕事を続けていけばそういう人が出てくる可能性をつくれると思っています。

鶴見　そうでしょう。そうすればあなたは大成功ですよ。ちょっと似てきたんじゃないかな(笑)。まだ体の大きさが似てないけれど。

松居　いまの千田さんと、鶴見先生のずれというのは、非常におもしろかったんですけれども、鶴見先生は熊楠がそういうアウトサイダーでありつづけようとしたというのは、意志的なものであって、その意志を貫いた人間ととらえていらっしゃいますか。

鶴見　私、それだと思って大拍手なのよ。彼に一番惹かれるところは、そこなのよ。

松居　千田さんは、それを意図的にやらなかったからこそ意味があると言いたいんじゃないかと思うんですけれども。

千田　そうですね。一貫した意志としてアウトサイダーであったというよりは、不可避的な結果だったのではないかと。

田村　そこは無意識的に腰が引けてるというところから出てくるとすれば、あまり本人に自覚はなくても、じつは意志的だったというか……。

鶴見　本人が自覚しててもしてなくても、いいと思うのよ。そうなっちゃったんだから。結果としてね。

松居　それはそういうふうにとらえればそうだけれども、熊楠のやり方というのが社会とか学問体制とか、そういうものとはどんどんずれつづけていって、そこに回収されなかった、吸収されなかったということにつねに意味があるわけです。そこを熊楠が意図的だったと考えると、すべて構築していったということになるんですけれども、そういうものから逸れつづけたという方に意味をとるというようなことを、たぶん千田さんは言いたいんじゃないかなと思うんです。

千田　そうですね。やはり熊楠の知性のあり方というもの自体が、意図的な構築性とは相反する性質をもったものだったのではないかと思っています。もし意図的に「ずれる」ことを戦略的に行うとすれば、ずらす対象と方向性さえはっきり認識していればできることなので、それが真に創造的なことか、と問われると、難しいところだと思うのです。ですが熊楠の場合は、そういう明瞭な戦略性とは異質な、居心地の悪さのようなものをつねに感じます。それは彼にとって悲劇であったかもしれないけれども、やはり真に創造的であった証明でもあるのかな、と私は理解しています。とはいえ、先生のおっしゃる通り、そこは踏み込んではいけない場所かも知れませんが……。

熊楠はオンナだ

松居　それでこのあいだも非常におもしろかったのは、千田さんからメールをもらって、ぼくは熊楠というのがどうも男性的な人で、マッチョなとらえ方をされていて、自分でも男の中の男だといったりとかいってる。それで熊楠の研究も男性研究者が多いという話をしたら、いや、そうじゃなくて、熊楠の世界というのは、男が構築したものをゆさぶる力があるんだと。力というか、そういうものだというふうに……。

鶴見　破壊力があるの。

松居　それは非常におもしろいと思います。

鶴見　思いだすんだけれど、私、この『南方熊楠』を出したあとで、何の会だったか忘れたけれど、私の家でよくいろんな人が集まって、ベラベラしゃべる会をしていたの。その時に、たしか谷川健一だと思うけれど、どっかりと上座に座って、みんなの方に、威張って、こういうことをいったのよ。「民俗学の中で女性なのは熊楠か柳田か、どっちが男性で、どっちが女性か」といったの。それで私は主人だから一番下座に座っていて、あの人、お酒を飲むとからんでくるから嫌だから黙ってたの（笑）。黙っていたけれど、私、いまおっしゃるように、熊楠が女性だと思う。ほんとに女性的な人だったと思う。それだからあれだけ仕事をした。男性にはできませんよ。男性的な人はできない。つまり、けんかして、人をぶん殴ったりするのは、腕力が強いというのは男性的だけれども、人生を生きる特徴ということから考えたら、女性的だと思います。

だから女性であれば、どうして跡継ぎをつくらないのかという疑問が出てくるのよ。女性であれば、未来の先を見つめるはずだと思うの。男性は自分一代で偉いことをしたらこれで勝利と思う。女はそんなんじゃない。だからそこがよくわからない。なぜ跡継ぎがないのかということが、今日出された問題。女性的な人がなぜ跡継ぎ、将来の自分の仕事を続けていく者は、ということに思いをいたさなかったかな。そのために努力をしなかったかな。そこが私はまだクエスチョンマークよ。どう思いますか。

千田　私はもし熊弥さんが生きていたら、熊楠の仕事全部をフォローできたとは思いませんが、その核心のところは伝わっていったんじゃないかと思っています。

鶴見　彼の生きざまを見て、核心のところは伝わる。

千田　それはあると思います。

鶴見　それはそうよ。私に伝わっているもの。

千田　そうですね。次の世代へつなぐという話と一旦ずれますが、おもしろいと思ったのは、先生が昨日、言葉が身体感覚を裏切るとおっしゃいましたね。

鶴見　そうよ。私はなぜそういうかというと歌なの。歌をつくる。感動があればなんでも歌にしようと思う。ところが歌にするとたんに自分の感動が裏切られる。だから毎日毎日同じことを、いつまでもいつまでも歌にしようと考えている。ある時、パッとひらめいたものがパッとあてはまる。

千田　そういう言葉の紡ぎかたというのは、わりに女性的であるとも言えて、それは熊楠にも似たところがあるような気がするんです。なにせまず文章が長いですよね。そして、起承転結とは無縁に、ああでもない、こうでもない、と言葉を紡いでいるうちに、核心に触れ、また脱線……と、そうした流れ流れていくような「書く」という行為のただなかで、熊楠の思想というのは醸成されていったように思います。一方で、学会とかで求められているのは、もっと男性的な、構築的な言語秩序だと思うんです。AがBだからBであってCであって、よってDであるみたいな……。

鶴見　アリストテレスの貢献ね。

千田　そうですね。

鶴見　わかりやすいの。

千田　そう、つねにわかりやすいものを求めるんです。それに関連して言うと、熊楠の文体に慣れてから、岡倉天心を読んだときに、この人は切れる人だなと私は思ったんです。それは非常にきれいに論理をまとめられる。複雑さがないんです。最終的に虚という、ヴァキュームという理念に行き着いてしまうから、熊楠のように、複雑さを複雑なままに受け入れる度量というものを感じなくて、逆に言えば、そこが少々物足りないような印象を受けたんです。

それに対すると、熊楠の言葉というのは筋道が立ってるかどうかといえば、あっちのことをしゃべっていたかと思うと、いきなり近くのおじちゃんの悪口を言ったりだとか、そうするとまた宇宙的な壮大なスケールのことを話して、そうかと思うと菌類の話をしてみたいな感じで……。いままで南方曼陀羅と言われてきたものの手紙もまず膨大に長くて、いろんな人の悪口を書いたあとに、まだおもしろいことがあるんだといって、それで延々と続いたかと思うと、いや、まだおもしろいことがあるものだから「ついでに」といって、それで突然書きつけるんですね、曼陀羅のことを。

そういった論理展開というのは、いわゆる男性的なアカデミックな構築的世界からは、やはりずれてしまうんじゃないかと思うのです。書簡という形式がそうさせているには違いないのですが、「至高の宝」と土宜法龍に言わしめた彼の思想というのは、そういう、一見どうでもいいガラクタのような言葉の流れの中でしか出てこないわけです。逆に言うと、もし熊楠の思想に意義を見出すならば、そのガラクタの流れそのものに目を向け、価値を見出す姿勢がなければ、あまりに都合がよすぎるとさえ思います。そう考えると、合理的な論理性や整合性をもって、複雑さを整理し、秩序づけるという性質を男性的な言語秩序とするならば、それとはまったく異質なやり方で日本語を創造しながら、独特の思想を創造していったのが熊楠ではないか、と。そういう対置をすれば、熊楠の思想のあり方というのは、女性的とさえ言えるのではないか、そこに意味を見出すことができるのではないか、ということです。

昨日、鶴見先生から、私の本のタイトルは「熊楠の本だかわからない」と、まったくごもっともなご指摘を受けましたが、あえて熊楠はサブタイトルにして、本タイトルは「森と建築の空間史」としました。というのは、問題としたかったのが、神社をめぐる、空間の意味の奪い合いといった側面だけではなく、国家を建築する、言葉を建築する、つまり言語秩序を建築する、そういった営みすべてを建築という言葉に託したんです。翻って考えると、建築は、理念の具体化です。ですから建築という概念は、制度や秩序を考えるうえでも、言語を考えるうえでも、柄谷行人さんのおっしゃる意味と似て、非常に広義にメタファーとして援用可能だと思います。対して森というのは、そういった男性的な構築性を崩していくような、あるいは、そこからは逸脱してしまうような知性や言葉といったもののメタファーです。そうしてみると、神社合祀反対運動ひとつとっても、熊楠は間違いなく、国家という建築物に対しては、森であり、男性的な構築、つまり制度や秩序に対して、女性的な存在であったはずです。

建築のことに戻りますと、建築家や美学者があれこれ理念を振りかざしても、柱や壁面といった、構造物を支える仕組みが崩れていけば、最終的に、理念ありきの秩序や言語、あるいは理念そのものが無効になります。それを言葉の世界でやったのが、熊楠じゃなかったのか、と思うわけです。そこまで熊楠の文体というのは、男性的な構築性というものを崩していくというか、無効にしていく力があるんじゃないかと思っているんです。そうすると、先生が言葉は身体感覚を裏切るとおっしゃったこととつながってきて、彼は結局のところ、身体感覚に依存してものを書いていたんじゃないかなという気がするんです。

鶴見　それはいい文体論ね。

千田　そうですか?　まだまだ上手くまとまりませんが、そういう感じを……。

鶴見　あなた文体論をやりなさいよ。

千田　はい。あ、「はい」なんて、いいかげんな返事を……。

鶴見　建築と文体はつながるわよ。

千田　つながると思うんです。日本語よりも英語はより顕著に、主語という基礎、土台となる部分がまず必ずあって、そこに動詞をスタンドする、つまり建築するところから、文章ははじまるわけですよね。そういう意味で、言語はやはり本質的に男性的だと思うんです。

それを裏切って、身体感覚に依拠して書くということになると、そこは中間地帯に置かれるわけですから、あんまり自由な状態ではないわけです。ただ、そこに宙づりにされていることによってこそ、クリエイティブであるという可能性もあります。そういう状態で、もしかしたら熊楠は書いていたのかなと、とくに土宜法龍宛書簡などは。熊楠というのはとても丈夫な人だったけれども、まさに身体をすり減らすほどに身体を使って書いていて、書くことと生きることが、まさに一体となって蠢くような人生を選んで行ったように見えるんです。その結果、熊楠の生き方や書簡は、既成の制度や言語に対して、つねに根源的な異質さを含んでいて、だからこそ制度や言語の根本に疑いを投げかけながら移動し続けてゆく、そのさまが、女性的と言えるのではないか、と。

鶴見　ああ、わかりました。確かに柳田国男は男です。あれは家父長制の最たるものです。体が細くてなよなよしてるから女みたいに見えるけれど、そうじゃなくて、熊楠は男性的とされているけれども、心は女。そうです。

女性と男性との違い

松居　私は男性と女性が根本的に何か違うということはないと思うんですけれども、いま千田さんがいったようなことは、わかるような気がする。「女」ということをメタファーにして表現しておられるわけですね。

千田　もちろん、おっしゃるようにメタファーに似たようなものを意図しています。[*] ドゥルーズ＝ガタリという、ジル・ドゥルーズとフェリックス・ガタリ、フランスの哲学者、あるいは精神分析学者のジャック・ラカン、その人たちは「女になれ」と言いました。彼らの言わんとしていることというのは、男性的な秩序から自由になれという意味で、とくに言語的な世界に対して言語で構築される、あるいは理念で構築される世界というものに水をさすというか、小さな抵抗をささやくのは女でしかないということです。誤解を招きそうで怖いのですが、彼らの言う「女」というのは、概念形象、いわばメタファーのようなものですから、もちろん社会的主体としての女性、実物の「女」それ自体をいっているのではありません。社会的主体と関係ないのだから、フェミニズム批評の文脈とも切り離して考える必要があります。ただそういう意味で熊楠というのは、非常に「女」的な要素をふくんでいた書き手ではないかと思っているんです。

＊ただし、ドゥルーズ＝ガタリにおいて「女」とは、最終的にメタファーですらなく、概念それ自体

である。そのことがドゥルーズ＝ガタリの思想、そして彼らの提案した数々の概念に対する理解を困難にしている。「女」という概念もまた、そのひとつである。

田村　研究を進めていくインスティテューションみたいなものに本人も参加しない、それからみんなで積み上げていくような協同的営為としての学問に貢献するということもない。いろいろなところから切れちゃっているという点はわかるので、そういうあり方にどういう価値があるかという価値づけの試みの一つとして、わからなくはないんですけれども、それが女であるという結論では身も蓋もないんで、そこにどういう可能性があったかという理論を展開していただければと思うんですが……。

雲藤　男女の問題をいうとき、たとえば心理学なんかでいうと、男性は切断的で、切断をする、けれども女性というのはつながるというふうに、よくそういう比較をされているんです。

田村　動詞でいうと、男は切り、女はつなぐ。

雲藤　おそらく、ぼくはわからないんですが、よく男子学生なんかに中学時代の友人といまでも交流がありますかと聞くと、たいてい切れているんです、男の子たちは。で、女子学生に聞くと、切れる人もいるんだけれども、まだつながりも、小学校の時の子とつながっているし、中学校の子ともつながっているし、高校の子ともつながっていると、けっこうネットワークが広いんです。ということからちょっと考えさせてください。

異質なものをつなぐ曼陀羅

千田　切るというのは、同質性のものを集団として確保する、その結果、切れたように見えるんです。対して、異質なものをつなげていくというのが女的だと思うんです。組織や秩序のなかにおいて、異質として区切られているものどうしをつないでいけば、結果として、その組織は瓦解します。そういう意味で、枠を超えてつなぐという行為は、制度や秩序を破壊する可能性があります。そして熊楠の文体からは、そういった可能性を十分に感じることができると思います。熊楠の文体も、言いようによっては切断の連続です。ですがそれは、異質なものをつなげていくという力としてみることもできる。そのつながりがまだまだ私たちにはあまり見えていないだけで、熊楠のなかでは、おそらく全体性として、つながっているんだと思うんです。

松居　そうでしょうね。ぼくも、なぜこの部分が飛躍するのかというと、われわれには見えないだけであって、彼の側に何か一枚つながっているものがあるというか、そういう感じがします。

千田　たとえば、「事の学」の話が出てくる直前まで、彼は夢の話をしているんです。で、夢の話をしてるんだ……と思っていたら、「事の学」というのはという。

田村　いま言われたものはずっとわかりやすくなって、組み立てると壊すというよりは、建てていくのとあいだをつなぐという対比の方がわかりやすいですね。

千田　そうですね。それで、夢と「事の学」というのは関係ないかと言われたら、ものすごく関係あると思うんです。そこらへんぐらいは私でもなんとかわかるんですが、まだ不勉強なので、切断にしか見えないところもたくさんありますけれども、たぶんそれは切断ではないだろうと。

田村　それはじつはつながっていたということが見えてくれば……。

鶴見　じつはつながっているというのが曼陀羅だと思う。

千田　そうですね。熊楠の長い長いお話のエッセンスだけを抽出して考えるのではなくて、関係ないような脱線も含め、それを全体としてみることができれば、と思うのです。

鶴見　関係ないようなことが、じつはつながっているというのが曼陀羅なんだなと思う。私なんか、あんた、一生何をしてきた人ですか、と言われるもの。それで藤原曼陀羅がつなげてくれたのよ。自分ではつながっているつもりなのよ。人は全然つながってないというんで、私すごく自分で驚いているのよ。南方と水俣はこんなにつながっているんじゃないのといったら、全然つながっていない。それで踊りをやって、歌をやって、社会学をやって、どうつながるのよというと、私、全部つながってるのよというけれど。

松居　粘菌みたいですね。粘菌もいろんな相があるけれどもつながっているんですよね。

鶴見　つながっているのよ、私は。

松居　粘菌でおもしろいのは、変形菌研究会が日本にあるんですけれども、自然科学のそういう研究会にめずらしく女性の方が多いんです。

鶴見　そう、おもしろいわね。

松居　変形菌に関心をもつ人は多いんです。いまのお話もそういうところになんとなくつながるところがあるかなと思いますね。

鶴見　自分ではつながっているんだけれども、それをいちいち人に説明するのは煩わしいのよ。こんな明白なつながりがどうして見えないんだと言いたくなる。

千田　そう言いたくなっちゃうと思います。とくに熊楠の場合、彼独特のリズムとか速度があってこそ、彼の思想は芽吹いてくるので、いちいち説明なんてやってられるか、というところはあったと思います。

田村　同じようなぼやきをグレゴリー・ベイトソンが書いていまして、ベイトソンが自分の体験としていってたかな、人に話をする。そうすると、しばしば言われるのは、お前の話は話題が飛躍をする、突然変わると。ぼくは一つのことを語っているつもりなのにというんです。それは読んだ時、すごくよくわかるような気がしました。ただ気をつけないといけないのは、異質なものをつないでいくといっても、じつは同じものがあるからというまとめかたにすると、やっぱり同質だったという話になりかねません。でも、異質だったはずのものがつながっていると見えてくる、見え方がそれで変わってしまったということがとても大きいんだろうなという気がします。そういうふうに、ものの姿が変わってしまう世界が、曼陀羅みたいな変容が見えるなんていう体験があるとすれば、それは、男女とかという話をもう超越してしまっているのではないかという……。

鶴見　男女というのではない。たまたまメタファーとして、そうおっしゃったからね。それを男と女とやると、これは全然おかしいわね。
千田　それは全然違う。
田村　アリストテレス的な明快で厳密な論理に対するオルタナティヴというか、その隣の世界へ抜け出す一つのステップとしては……。
鶴見　そう。あいまいね。あいまい論理よ、アムビギュイティ。
田村　「女になれ」というテーゼだって、その「女」は、じつは女でなくてもいいのではないかという……。
鶴見　そうよ。女がいま……。
松居　だからドゥルーズは、「女になれ、獣になれ、少女になれ、分子になれ」といっているんです。
鶴見　そうよ。
松居　それは非常に熊楠的というか、粘菌的なことですね。

そのものになる

千田　熊楠でまたおもしろいと思うのは、そのものになろうとするんですね。チベットにいたら……。

鶴見　チベット僧になる、仏教国にいたら仏教徒になる。

千田　というふうに、それを分析の対象として目的化するのではなくて、それ自体になろうとするというところが……。

田村　そうですね。認識とか何とかというより、ラマ僧になってチベットを彷徨うことという、そういう言い方をしていますね。

千田　それは「小生は藤白王子の老樟木の申し子なり」という有名な一節にもつながりますよね。「自分は楠木の子孫である。楠木は自分の先祖である」という考え方からすれば、人間対動物、人間対植物、人間対それ以外、というような枠組は意味がなくなります。そういう枠組をとっぱらって、世界全体をまるでひとつの生き物のようにとらえるとともに、その生き物の一部として生きていく力というものが南方熊楠の思考の中にすごくあるなと思うんです。だからこそ、彼はチベットにいたらチベット僧になって、回々教のところにいたら回々教徒になってということを、本気でいっているんじゃないかと思うんです。

分類の枠を越境し、それ自体になるということが熊楠にとってすごく重要だという意味で、もっとも強烈に私の印象に残っているのが、熊楠が「事」と「物」の説明をしているときに出てくる、「仁者試みに両手をついてみよ。右が心だとすると、左は物。左が心だとすれば、右は物となる」という部分です。入れ換え可能だというわけです。それは唯識思想からきている発想の仕方だろうけれど、同じ生のまま現れかたをさまざまに変えるという意味では粘菌的です。すべては入れ換え可能、反転可能で、世界のすべてはつながっている。そして自分は、いま現在たまたまこういうかたちで世界のなかに現れているに過ぎないんだ、という認識は、熊楠の思想の根本にあるような気がします。

後継者がいないのがよかった

松居　さっき後継者の話が出ましたけれども、後継者がいなかったということは、ある意味、熊楠にとって幸いなことでもあったと思うんです。後継者がいると、それこそさっき、柳田家は大変だよとおっしゃったことが起こってくる。熊楠は、いま千田さんがいったことに引きつけると、自分の存在というのがいろんな形に変わりうると考えていた人だと思うので、土宜法龍への書簡の中でも、自分の分子というのは死んだ後もこの世界の中に分子として残っていると。それこそ先生が昨日おっしゃったように……。

鶴見　私もそう思っているの。

松居　そういうことを土宜法龍の書簡の中に書いていますね。だとしたら、熊楠は制度的な意味での後継者を残すということをあえて避けたのか、あるいは千田さんがいうように、そこから逸れてしまったのか。そういうことがある人で、ある意味でいうと、われわれ現在の熊楠の研究者がありがたいのは、そういう自由な形で残された熊楠を研究できるということですね。

鶴見　われこそは後継者というのがいたら、私が『南方熊楠』という本を書くことはできなかった。

松居　幸いにして鶴見先生もそういう人だから、鶴見先生が権威となって熊楠の研究者を組織するというようなことをされなかった。

鶴見　そうよ、いないわよ。

松居　鶴見先生の書いたものを自由に読めるんですね。それは熊楠もそうだし、鶴見先生もそうだし、ドゥルーズの言葉を借りれば、「分子になれ」というような人たちだから、そういう自由さがでてくるということがありますね。

鶴見　塵泥《ちりひじ》になるのよ。塵泥になって、また違う形に凝集してこの世に還る、私はそう思っている。循環してくると思う。そうなの。そういうふうに考えればいいのよ。だから何も後継者だというのを、天皇制みたいに、この次はこの人なんて決める必要はないのよ。だって、親鸞には弟子一人おらずと。そうなのよ、親鸞の心境でいいのよ。

——弟子を残さないというのもそうですが、いま、こういうふうに研究のグループがあるように、作品をノートもふくめて残している。抱え込んでいるのではなくて、作品をいっぱい残しているわけです。

鶴見　ばらまいちゃったから収集能力が大変。

――大変だけれど、いろんな形で残っているわけです。手紙もそうだろうし……。

鶴見　それで発掘して喜んでいるの、一つ拾った、もう一つ拾ったって。

松居　しかし、そこの残し方というのが、土宜法龍宛の書簡みたいに、ひょっとしたら全部失われてしまうかもしれないというような形で、投げかけて残したということが、これはほんとにおもしろくて……。

鶴見　ばらまいたのよ。

松居　ばらまいて、自然の力に任せたような……。

鶴見　おもしろいね。いつか発掘される。発掘された時点でパッと火をふくのね。

――熊楠の奥さまも娘さんもそうですが、ちゃんと保存してたわけですね。そういう形で残した。

鶴見　それでいいのよ。だけど、娘さんも奥さんも自分で抱えこむことをしなかったの、喜んで皆さんに提供するという。

松居　資料そのものもそうですけれども、ふっかけた議論の中身も、相手に応じて議論をふり、反応が返ってくればそれが深まるという意味では、当然、畑を見て種を蒔いたということも言えます。

鶴見　そうだ、後継者を残さなかったことがすばらしいのよ。そして発掘していけばいいの。ばらまいたのをどこかで見つけていけばいいのよ。

松居　もう少しいうと、必然と偶然ということで、熊楠は、まさに先生がおっしゃったように、偶然というものをふくみこんだ形でこの世界を考えていた人ですから、後継者を残すというのは必然の世界ですよね。自分がこうあって、必然的にこうなっていく、因果関係がこう続いていくと。でも熊楠はつねにそこに偶然が入ることを考えていて、ばらまいた手紙はもしかしたら焼かれるかもしれない。

鶴見　もしかしたら松居竜五という人が拾ってくれるかもしれないと。それから高野山大学の神田英昭さんが拾ってくれるかも……。そうだ、そう思ったんだ。

松居　世界自体の偶然性の中に自分のあとを任せた。

鶴見　そうだ。それはとてもおもしろい説だ。だから火が絶えないんだ。一人後継者にすると、その人が死んだら、あとの争いが起こる。そういうことがないのね、ばらまいちゃったから。拾いあげる人が出てくるのはいつだかわからないの。これから百年先かもしれない。おもしろいなあ。そこまで考えたんだなあ。考えたのか(笑)、そうなったからますますおもしろくなったの。

いや、私、今度、三十八通の重要な資料が出たって、「これは事件ですよ」といってるの。事件なのよ。私がもう死ぬと思ってこんなになっていたら、事件が起こって、パッと目が覚めたの。「事件があったから私は目が覚めたんですよ」っていっているの。事件なのよ。これから何年先に事件が起こるかわからない。それを期待しましょう。それが南方流思考だ。

6　内発的発展論と熊楠評価の行方

オーラル・ヒストリー

鶴見　皆さまのような忙しい方々をこんな山の上まで……。しかも一晩泊まらせて……。私からすると、これはフィールドワークの代わりなのよ。私のフィールドワークは個人史ですから、その人の家に行って、その人が生まれた時からいままでの話をしてもらうの。そうやって勉強してきたの。それをいまは自分がここに座ってて、みんなを山の上に引きよせてきてうかがってる。

松居　そのことは、熊楠とちょっと離れて関心をもっていまして、オーラル・ヒストリーというか、ライフ・ヒストリーともいっていますけれども……。

鶴見　パーソナル・ドキュメントと昔はいった。いまはオーラル・ヒストリー。

松居　イギリスにしてもアメリカにしても、オーラル・ヒストリーは非常に発達してるんですが、日本の場合には、そのあたりの学問的な確立というのが、オーラル・ヒストリーについては出てないんです。

鶴見　日本では庶民が字を書けたでしょう。だから日記をつけてるのよ。だからほんとは、日本はオーラル・ヒストリーの宝庫なのよ。それを中野卓さんあたりが少しずつやってるぐらいで、こんな宝庫にいながら、学者がそんなものといっている。これも構築物が大きければ大きいほどいいという、そういう考えなのね。外国ではやってて、アラン・コルバンの『記録を残さなかった男の歴史』、そういうのがある。それからアメリカだとトマスとズナニエツキ（Thomas and Znaniecki）がやったんです。

松居　ポーランド移民の歴史……。

鶴見　そうそう。『ヨーロッパとアメリカにおけるポーランド農民』。だけどあれはインチキなのよ。あそこに個人史として出ているのは、お金をやって書かせたの。だからあれはじつはインチキなの。そしてあの人のはセオリー（「方法論ノート」）が前にあるでしょう。それは全然関係がないの。インチキなんだけれど、あれが出ることによって個人史が学者の研究対象にはじめてなったという金字塔と言われているの。だけど、あれ自身はインチキなの。関係ないものをいっしょの本にしたの。

松居　鶴見先生はカナダに行って、日系人の人たちの聞き取りをされていたんですが、その方法論を用いたということでしょうか。

鶴見　私はフィールドワークは全部、個人史です。水俣もそうです。だからみんな男の人がけんかして、お酒飲んで酔っぱらっているあいだに、私はせっせとそういう家へ行って、書き取りをしたの。それしか能がないから。全般的にやろうとしたら、つかめないですよ。つかめないし、何やってるんだかわからない。

松居　オーラル・ヒストリー、ライフ・ヒストリーというのが、なかなか学問の中に、もちろん方法論は取り入れていこうとしてるんですけれども、どこか学問的に構築された体制とは、逸れるところがあると思うんです。

鶴見　そうよ。相手が学者じゃないからね。

松居　だから水俣に行って、いままでの学問はだめだと思われて、ライフ・ヒストリーを取り入れるというのは、乗り越えられるような方法を模索しておられたというですね。

鶴見　私はそれしかないと思ったの。だからお酒飲んで酔っぱらってけんかしてるより、患者さんの家に行って、患者さんのお話を聞く。時間がかかるけれども、それを地道にやっていこうと思ったの。

内発的発展論

松居　それと内発的発展論というのはやはり結びつくんですね。

鶴見　結びつくの。つまり、内発的というのを、最初は一つの地域、一つの、たとえば遠野なら遠野という地域とか、一つの村とか、そういうのを単位として考えたの。国家が単位ではなくて、国家の下位集団を単位として考えた、地域を集団として考えた。ところが、病気になってから後は、自分というものの内発性というところがよくわかったの。一人一人の個人の内発性をつきとめることを個人史でやっていたんだなと。

つまり、翻って自分のやっていたことをいま意味づけをしてるの。個人というものがいっしょになって地域を動かし、そして社会を動かす。それは個人から積み上げていく。内発性とは何かを一生懸命考えているの。私、ここでバタンで倒れて死んでしまえば、それまでだったんだけれど、それがまた回生して、新しい人生を歩んでいる。ということは、自分が抑えても抑えきれない内発性があるから、毎日、新しいことに感動し、興味をもち、南方熊楠についても自分のやってきたことを反省して、若い方から批判が出てくれれば、それはどうしてそういうふうになったかということを自分で分析して、そして乗り越えていく。そういう道を、抑えても抑えても抑え切れないものが内発性だということがわかったんです。それは身体体験としてわかったのね。

――先生は、"Endogenous Development" という一つの概念をつくりだされて、七五年三月に、"Yanagita Kunio's work as a Model of Endogenous Development" ではじめて使われるわけです。

鶴見　それはアメリカで行われた「柳田国男シンポジウム」で、つまり英語ではじめ考えたの。

――そうすると六六年に Ph.D. を取られた論文の時には、全然……。

鶴見　考えてない。だってあれはマリオン・リーヴィという、すごいでっかい近代化論者のもとで書いたの。

——そうすると、このとき考えたものは、いま言われた地域というか……。

鶴見　地域。だけど、あとで国家単位で……。つまり、比較社会学は社会を単位としたの。で、社会は何かというと、パーソンズによれば、国家と境界線を同じくする大きさだというの。そうすると国家なの。国家単位、アメリカ、中国、日本、そういう大雑把な、大きな塊の文化とか、その他の社会構造とか、いろんな構造を比較すること。そういう学として私はプリンストンのマリオン・リーヴィのもとで学んだの。だけど、国家を単位にしたら大きすぎるんじゃないか。つまり国家の中には自然生態系がいろいろあるでしょう。だから国家を単位にすると、自然生態系が抜け落ちたの。だから自然生態系を同じくするスペース、だから遠野盆地なんていうのは一番いいわけよ、典型的な地域。そういうふうに限って、そこに生息する人たちが代々受け継いできた文化、伝統というのはちゃんと『遠野物語』なんかに出てるわけね。だから地域を単位としようということは、玉野井芳郎さんたちの地域主義、つまり地域というもの、地域研究とか、地域主義とか、そういうものが出てきた時に、はっきり考えるようになったの。最初はマリオン・リーヴィのもとで学んだのは国家単位。

——ちょっとそこがずれてるんです。玉野井芳郎さんたちの地域主義は七八年で、先生の「エンドジェナス・ディベロップメント」が出たのは七五年三月です。先生が七一年六月に「うちなる原始人を発見」という文章を『週刊言論』に書かれて、それを長谷川さんが見て七二年一月に訪ねてきた。先生は、その「エンドジェナス」という概念を、熊楠を読む、勉強するなかで生まれてきているのか、それとも熊楠とはまったく関係ないのか。

鶴見　そうじゃないの。エンドジェナスという概念は、パーソンズからきてるんです。それは近代化論が頭にあるんだから、それが基礎になっているからパーソンズなの。パーソンズは、先進国はエンドジェナス・ディベロップメント、つまり近代化のお手本がないから、自分でつくったから、自分の中から生まれた。後発工業化国はすでにお手本が外にある。それでお手本を外からもらい受けて近代化をする。だからエクソジェナス・ディベロップメント、外からもらった／内からつくりだした、そういう区別をパーソンズがしてたの。それをリーヴィが受け継いでいたの。

それを私が受け継いで、どうもこれはおかしいなと考えた。先発国は確かにエンドジェナスよ、だけど後発国はエンドジェナスのお手本をもらうけれど、それをそっくりもらうのではなくて、自分の中のエンドジェナスなものをそれと絡みあわせて、そしていいようにつくり変えて発展する。だから先発国であろうと後発国であろうと、発展というのはエンドジェナスな部分が必ず入る。エンドジェナスなものによって、エクソジェナスなものをつくり替えるという作業をしなければ、公害が起こったり、つまりマイナスのディベロップメントは確かに起こるわけよ。それを考えついたのよ、日本に帰ってきてから、いろいろ考えて。だけど、もうそれは南方熊楠の中にあるのね。ところが、南方の考えは章炳麟《しょうへいりん》にあるのよ。進化は全部進む、プラス成長だけじゃなくて、マイナスの面とプラスの面が必ずいっしょに混在している。これが倶分進化論なのよ、章炳麟の。私、熊楠が章炳麟を読んでいたか、これは飯倉さんに聞いてみてください。

松居　いつごろの時代になりますか。

鶴見　魯迅は章炳麟の本を開いたまま亡くなったのよ。魯迅は章炳麟を非常に尊敬してた、評価した。だから魯迅より以前の人です。

田村　飯倉先生は魯迅の研究者でもありますので、こんど伺ってみます。

鶴見　倶分進化論。ともに分かれる、ということはプラスの面とマイナスの面がある。進化というのは必ずプラスの面とマイナスの面をともなって進化するという、ふつう考えられてる進化論はどんどん直線進化していく。いい方へどんどん行く。ああいうブッシュ流の単純なものではないということをいったのが章炳麟なの。

内発的変動論へ

松居　ハーバート・スペンサーなども有機的進化ということを説明するときに、進化は一方的だと、それだけを書いているわけではなくて、波のような満ち引きがあるとも書いている。ただ、熊楠が批判するように、社会進化論の中には、そういう基準というか、それこそレファレンス・ポイントというのが一つあって、その視点で進化というのをとらえようとするから、そこに問題点が出てくるということはあると思います。そこで、先生がおっしゃっている内発的発展論というのが、どうしても「発展論」というふうに、名前を付けておられるのが……。

鶴見 私、それを言われてるの。だから「発展」を取った方がいい。だから「内発的変動論」だ。発展という概念は取ったほうがいい。

松居 そこがいつも引っかかる点で……。

鶴見 そうです。私、はじめから批判を受けてる。一番先に「発展」はやめた方がいいといったのはだれだったかな。忘れたけれど、研究会をやっているなかでそう言われたの。だから私は、これは「社会変動論」の一つだと。だから「内発的変動論」と、そういうふうにいった方がいいと思う。だけど一応、内発的発展論というレッテルを貼ったものだから、とてもむずかしくなったの。社会変動というのは内発的でなければ成功しないのよ。

松居 そこもちょっと一つ、疑問がある点で、いまはグローバリズムというのが非常に進行してますね。そうするといまの考え方、基準でいくと、グローバリズムを受け入れるということが、かなり発展に寄与している。グローバリズムに乗り遅れている国というのは、発展から取り残されている。たとえば、グローバリズムを取り入れることによって、少なくとも経済的な発展、それから産業の発展というのは起こっているという現実はあると思うんです。そこを、じゃあ、外から来るものを、つねに内発的に組み換えることが可能なのか、あるいはそうしなければいけないのかというのがありますね。

鶴見 それはすごく大事な点なの。私が内発性といっているのは、外から来るものを拒否するのではないの。外から来るものが、自分たちの自然生態系に適合するかどうか、自分たちの文化、伝統と折り合いがつくか。それからその地域の住民の必要性に適合するかどうか。そういう内発性がいくつかあるわけです。それと照らしあわせて、受容可能なものはそのまま入れてもいい。だけど、そうでないものはつくり替える。そういう意味でいっているので、内発性というのは、すべて内発的でやるといったら、まったく昔のままということになるから、そうじゃないの。

松居　主体思想になりますね。

鶴見　それを勘案する、レファアレンス・ポイントをこちら側におくということ。内発性というのはレファアレンス・ポイントになる。そういう意味でいってるの。

松居　ただ、そこもさきほどの議論で、レファアレンス・ポイントというのを一つととらえると……。

萃点の問題の重要なところ

鶴見　レファアレンス・ポイントはいくつあってもいいと思うの。というのは、個人が一人一人違うでしょう。だからそういう個人の内発性をまず確かめて、そしてそこで萃点が大事なのね。一人一人の個人の内発性というのは異なると思うの。多様性があるの。そこで萃点を一つつくって、どういう内発性を優先的に考えるか、大事に考えるか、という議論をまずまとめなければならない。そしてそれによって外から来るものを濾過する。濾過する作用がいままでなかったわけよ。なんでも外から来るものはいいと思って入れる。そしてアメリカの近代化論は、アメリカが一番発展して、一番進んだ国だから、みんなにこれを分け与えてやればうまくいくと。だって、いまのイラク戦争だってそうでしょう。それと違うものはみんな遅れてるから、それにしがみついているあいつは殺してしまう。それじゃだめなの。

松居　一つの地域社会の中でのレファレンス・ポイントというのが、やはり大きな問題ということですね。

鶴見　そうよ、そこに萃点をまず置く。そこで私は萃点の中で多様なものがどのようにお互いに交流し、かみ合い、あるいは戦いあって、だいたいの潮流を決めるか、そこのところが南方にははっきり出されていないと思うの。萃点で何が起こるのか、何を起こしたらいいのか、それがこれから南方曼陀羅の大事な課題になる。

松居　たとえば、中国でも地域社会でも、そこの内発性を考えるときにだれが代表になるかということは非常に大きな問題だと思います。

鶴見　そのキーパーソンね。

松居　中国の発展がだれのための発展であるかと。たとえば、都市のミドルクラスを対象にしてるのか、あるいは農村を対象にしてるのか、そういうことによってレファレンス・ポイントはまったく違うわけですね。その一つの社会の中でレファレンス・ポイントが違うときに、どのようにその統一性を保っていくのかというのが非常に大きな問題で……。
鶴見 私、それが萃点の問題の一番大事なところだと思う。

萃点の中で何が起こるか

松居 ええ。熊楠の活動もそこが非常に大きな問題で、神社合祀反対運動をしたときに、これはだれのための反対運動なのかということは、熊楠は必ずしも明らかにしていない。
鶴見 だけど、熊楠はみんな同じだと。農民はこう、漁民はこうといって、いちいちあげてなくて……。
松居 熊楠には、フレキシビリティというのが、ある程度はあると思うんです。しかし、神社合祀反対運動というのを、全体の組み合わせとしてきちんと説明するところまではいっていない。
鶴見 私はそう思う。つまり、自分ではみんな漁民も農民も、それからそれ以外の商人とか職人とか、そういうものもみんな神社合祀によって生活困窮すると、そういうふうにまとめちゃったのよ。だからそこは私、困るところ。つまり、われわれがこれから、熊楠はどう考えていたか、あるいはそこは考えていなかったのか、萃点ということを大事にしようとすれば、そこが一番大事だと思う。
松居 当然、伐採開発によって利益は出ると思うし、伐採開発によってうるおう人もいるんです。その場合に……。

鶴見　利害が対立する。

松居　利害が対立していて、熊楠は熊楠の価値観があるから、それを組織しようとするんだけれど、そこで神社合祀反対運動というのが、いま一つ、普遍性をもたなかった一つの理由がそこにあると思います。

鶴見　熊楠はそこを簡単にまとまるように「反対意見書」では書いている。みんなが困るんだというふうに。

松居　もちろん「反対意見書」ですから、それはいいように、戦略的に書くと思うんですけれども、ただ、そこをそういう面で戦略的に書いていて、別の面では戦略的に書いているけれど、自分の全体の構想としてはこうだというプランを、熊楠は神社合祀の時には全体を示していないですね。

鶴見　いない。私、そう思う。

田村　私の論文で取り上げた、構造として示した神社合祀反対の議論もそうですけれども、あの場面ではああいうふうに書いた。他の場面では違うように書いたということとの関係で……。

鶴見　相手によってね。

田村　この点は、私の論でも、そういう見方での分析は出来ていなかったところだと思います。その意味では戦略性との関係とか、相手によってどう議論が変わったかという視点に欠けていいたことは反省しています。

鶴見　いや、そこが中心点じゃないのよ。私を攻撃するのが中心点（笑）。それは大成功したの。

田村　いやいや、攻撃するかどうかというよりも、オルターナティヴとして違う見方を提示したい。既存の非常に支配力のあったイメージを変えたいということは、はっきり考えておりました。

鶴見　そうよ、私もそれは賛成してる。

田村　ありがとうございます。

鶴見　確かに私も衝撃を受けました。ありがとうございました。だけど、あれじゃあ、だめなのよ。だから萃点の中で何が起こるか。つまり、まだ現場を見てないのよ。自分の視点からまとめちゃったから。

田村　熊楠にとっての現場というのはとても大事なことですし、最近、私どものあいだで議論していることがまさにそれなんです。熊楠の目の前にあった問題が何であったか。で、熊楠が何をいったか。熊楠がいったことは、とにかく神社合祀に反対なんです。神社をなくすなと熊楠はいってるんであって、神社を守れといっているのであって、神社の自然を守れといっているわけではない。直観的にいえばあります。もちろん、神社の自然を守れともいっているんだけれども、神社の自然を守ることが手段として神社を守れといっているんじゃなくて、熊楠は神社を守れということを中心にしていっているんですね。その理由は何かというと、たとえば神社には自然があるということも、もちろんいってる。でもほかのこともいってる。

鶴見　信仰心。

田村　信仰ということをいい、人間社会の中での文化機能を果たし、歴史的な存在意義をもっている神社そのものを守れということをいっているんであって……。

鶴見　それから寄合ね。寄合の場所。

田村　神社にどういうものが集まっているか。いってみれば、歴史のある共同体の中で、神社が社会生活の萃点としてどんな大事な位置にいるかということを列挙していったら、ああなっていったということだと思うんです。熊楠は神社を守れといっている。こういう、まさに熊楠がいったとおりのことをちゃんと見直さなければいけないんじゃないかという、基本的な問題意識はあるんです。熊楠の議論の中の一側面に注目して、たとえば、変形菌が損なわれるといったり、自然を守れといったりというのは、一つの部分だけを取り上げている議論ではないかという、大きな疑問というのはあって、私が議論をしたときも、そういう動機がありました。

松居　要するにレファレンス・ポイントというのをたくさんつくっていかないと、全体が見えないということだと思うんです。それは鶴見先生のレファレンス・ポイントというのが、ある種限られていたというのは、それは時代との?

鶴見　そうそう。私のレファレンス・ポイントは水俣問題なの。

田村　いまのような議論を踏まえれば、それが無効になったなんていうことはまったくないと思うんです。それが唯一という見方は変わらなければいけないということは強く思うんですが……。

松居　だから熊楠自身もそこの点の戦略性はある程度あるんだけれども、全体として自分はどっちの方向に向かっているのかというところが、ほんとに見えてこなかった。

雲藤　それとポイントを羅列しているけれども、あそこには濃淡があると思うんです。彼はどこを重視してたのかという……。そのあるところの部分が本当の目的なんであって、あとは方便だったという、そういう可能性だってあるんじゃないですか。

松居　「神社合祀反対意見書」の中で八つの理由をあげていますが、その八つ全部が本心かというと、あれはあの時は方便としていっているのが四つか五つぐらい入っているわけで……。

雲藤　その可能性は絶えず視野に入れておかないといけないと思うんです。ただ全部が等分で、イーブンである可能性も完全には否定しきれませんが。この辺は、もう少し調べる必要があるかもしれません。

鶴見　だから優先順位がついてなくて、八つあがっているということね。

千田　私はだから、あの八項目というのは完全に戦略だと思っていて、それは彼が内発的に考えたことではあるんだけれども、それと彼のエゴイスティックな、自分の植物をこれ以上荒らされたら困るんだよということと、自分の氏神様を守りたいということ。

松居　そういう個人的なことから発しているというふうに？

千田　そうですね。私はそうだと思っています。そういう個人的な感情の発露と、あの八項目というのはすごく距離があると思ったんです。それまでの南方の思想からくれば、内的な自分の植物採集と氏神を守るということが、優先順位としてプライオリティが高かったと思わざるをえないんです。それとこの八項目は、いってみれば、またさっきのお話に戻りますけれど、ロゴスで書いている。その当時の人々の関心をよくわかったうえで、曼陀羅論のような創造の渦中にある言語ではなく、ロゴスとしての既存の秩序にのっとって、ツールとしての言語をつかって書いているという感じがしたんです。だから自分の身体感覚を必ずしも裏切るような内容ではないけれども、一方で、非常に戦略的によく練られた文章だなあ、と。ひとことで言えば、優秀なコピーライターだな、と思います。

田村　うそがあるという点に関してはまったく賛成なんですけれども、ロゴスの言葉で書いたものが全部身体感覚を裏切っているとかというあたりは、私は全然賛成しないんです。ただ、熊楠の書いたあれについて、まさに書いてやろうと思ってつくりあげたというか、捏造したようなものといううそがある。それはそのとおりと思います。

松居　「合祀は愛国心を妨げる」ということを書いているのは、要するに愛国心が大事だといっているやつらがいて、合祀こそが愛国心を妨げると書いてやったら、そいつらは困るだろうという戦略性のもとに書かれた文章だから、それが熊楠の主張と、その八分の一だと受け取るのは非常に危険だと思います。

千田　当時の熊楠の内的な感情や思想と、戦略性というのは分けて議論する必要がありますよね。というのは熊楠を読みだしたころに拝見した中では、この八項目の意見書から出発して神社合祀反対運動について語っているものが、あまりにも多いように思われたんです。なので、いや、それはちょっと、どうかしらというのが一番はじめに気になった点だったのです。ですが、そこらへんは言説の操作というか、そういうのを彼の中でうまくやっていると思うんです。

雲藤　逆に、神社合祀反対運動は彼の個人的な問題から発したかという問題を証明しようとしたら、今度はすごく難しいのではないでしょうか。でも証明しなければいまのお話はたんなる言説だけで終ってしまう。

千田　そうですね。そこは熊楠に関してはとくに、非常に難しい。カメレオンみたいなところがあるから。

雲藤　その見方はいろいろ見方ができるんだけれども、どういうふうに証明していくかというのはむずかしいと思います。

松居　それからまた、非常に大きな問題なんですけれども、熊楠が神社合祀をやったことは社会活動としてある程度は成功しているんだけれども、彼は役人が持ちこんだ論理に対してそれに対抗した。結局、しかし戦後になると、また役人の論理で杉植林が行われて、日本の国土の六〇パーセントから七〇パーセントが全部杉になってしまうという、こんな恐ろしい話はないというようなことが現実に起こってくる。じゃあ、そこで熊楠の議論が生かされて、それを基に何らかの反対があったかというと、まったくないんです。こういうように、熊楠を本当にその後にわれわれは生かしたか、いま生かしているのかということは、つねに問わなければいけない。これは学者の範囲を越えるかもしれないけれども、そこまでいかないといけない。

役人公害と産業公害

鶴見　私はそう思う。熊楠だけではなくて、熊楠は私に役人公害といって、田中正造は産業公害といって、それで両方とも全然生かされてない。田中正造も生かされてないし、南方熊楠も生かされてない。だから生かされてないからといって、熊楠が成功しなかったというふうには言えないと思うんです。

松居　それは熊楠の責任というより、われわれの責任ですね。

鶴見　そうなのよ。だから熊楠は弟子をつくらなかったけれど、私が熊楠を受け継ぎますという人が出てこなきゃいけないのよ。だけど、ダムに沈む村というのはたくさんできてきたでしょう。その時、ダムに反対したのはそこに住んでる住民ですよね。だから住民は反対したの。だけれど、役人に押しつぶされたの。だから受け継がなかったというけれど、それは住民が熊楠を読んでたわけでもなんでもなくて、自分たちがそこに先祖からずっと暮らしているところを立ち退け、と。これはむしろ田中正造の問題だけれど。それで反対したんですね。

松居　ただ、田中正造のような、ああいう企業による産業公害ということに関しては、いろいろな規制が戦後の経験を踏まえてできてきたし、水俣病もその一つで教訓になっていますけれども、南方熊楠がとらえようとしていたような役人公害の方は、じつは野放しになっているんです。

鶴見　天下りがまず第一です。天下りをやめさせると、小泉(首相。当時)はいったけれど、やめさせていないわけですね。だから役人公害はいまはますます強くなっているわけよ。産業公害の方は、公害の量は大きくなったけれども、それに反対の世論というものは非常に常識化したわけね、水俣において。だから私、役人公害を防ごうとした熊楠の働きの方は、もっとこれからの日本、少なくともいまの日本にとっては、非常に大きいと思うの。産業公害は言われてるんです。それからもう一つは、公害のもっとも大きいものが戦争よ。戦争はほんとに破壊するんだもの。そして世代から世代に移っていく。ベトナムでも言えるわよ、まだ、地中に埋まっているんだからね、地雷にしろ、ダイオキシンにしろ。

松居　役人公害といっても、では役人が必要ないかとか、その役人がやってることは全部まちがいかとか、そういうことではなくて、システムとしてまさに内発的におさえていくという……。

鶴見　どうやって止めるか。

松居　止めていくというか、一方的なシステムの支配がすべて覆わないようにするやり方を考えていかなくてはいけなくて、そこは熊楠も提起はしたけれども未解決であるということだと思います。

鶴見　そうよ。私はそう思っています。だから田中正造と南方熊楠というのを並べることは大事なの。だけど、違う種類の公害に関して反対したから、違う種類の戦術を使わなければならなかったの。だからこの戦術はどうなのか。いまの時点から見てどうなのか。それを考えなければならないわね。

田村　産業公害についてだけは、問題意識はそれなりに受け入れられ、常識化してきているということを、和歌山県の抱えている問題という文脈で、松居さんとさきほど話していたところでした。つまり森林がひどい状態になっていると生態学者がいうとき、これは産業公害と違う問題を抱えているんです。ひどいと思う人は、あいかわらず少数派だという問題があるんです。

鶴見　私、自分がいままで全然花粉症じゃなかったのに、今年は急に鼻水が出てきて、花粉症になったと思うの。目から涙がぽろぽろ出てくるとか……。いま、これはひどいのよ。つまり原生林、雑木林をやめて、たった一種類、杉、檜という一種類の林にしたということがあるの。これは国家の政策だったわけでしょう。企業の社長がやったことではないの。だから私もいまその被害を受けているから、ほんとに考えている。

松居　しかも悲劇的なことは、やっている人はいいと思ってやっているんです。杉だけ植えることによって日本の木材問題が解決すると。それは一つの視点からしか見ていない。木材というような視点からしか見ていないから……。

鶴見　あれは生長が早いから、だから早く売れる、と。

松居　でも、少し視点をずらして考えると、そんなに一種類の木だけを植えて、生態系にいいはずがないということすら見えなくなってしまうんです。

エコロジーと曼陀羅――多様なものがともに生きる

鶴見　だから、私、そこで最後の問題として出したいのは、エコロジーの思想と曼陀羅の思想が基本的に一致するということを最近考えて、なんかドキドキしてるのよ。ドキドキホウリュウ（笑）になっているのよ。そして曼陀羅は古代インドの発祥でしょう。そしてエコロジーの発祥は欧米ですよね。そして近代ですよ。そして思想としては宗教的な思想でもあるけれども、近代科学の一部分と考えられていた。それと古代インドの思想と一致点があるということを、どうやって説明し、どのように解釈したらいいいか。この点が私がいまとてもおもしろい。

そして南方は――私、こんなことをいったら、また田村さんにやりこめられるだろうと思って、あえて田村さんのいるところでこれを言いたいのよ――、熊楠はどの程度までその一致点を自覚したか。というのは、やっていることは両方をふまえてやっているのよ、曼陀羅とエコロジーと。少なくともエコロギーとかエコロジーとか、言葉としてしか使ってないわよ。しかし、粘菌というものは、高層、中層、低層（灌木）、そして下草、異なる種類の植生を全体として保全しなければ粘菌は育たない。つまり多様性です。植生の種の多様性が守られることが必要だ。これは曼陀羅思想ですよ。多様なものがともに生きる。これはエコロジー思想でもあるの。だからその一致点を、南方はどの程度自覚していたか。南方を離れて考えても、この一致点というのは、どのようにに解釈できるか。いま、私、最後におもしろい問題だと思って抱えている。

田村　おこがましいですけれども、私もじつはまったくその点がいまの関心で、時期的にいうと、南方熊楠の一九〇一年から一九一一年というこの時期、この十年間というのをどうやって分析するかということで……。

鶴見　神社合祀令反対運動がちょうどその時期ですね。

田村　そうです。つまり一九〇二年には今回の新資料があり、一九〇三年では曼陀羅のことを書いている。しかし、それは那智の原生林の中で書いていたので、熊楠が生態系とかエコロジーとかいう問題を一番考えていたとしたら、この時期だと思うんです。その時期にエコロジーではなく曼陀羅を出してきているんです。その後、田辺に定住して、一九一〇年に神社合祀反対運動をはじめたころに、「エコロジー」という言葉をもちだしてきた。この一九〇一年から一九一一年までは通底するものがあるはずだと思うんです。そうすると、この曼陀羅として描かれたものと、後の時代にエコロジーとして理論化しようとしていたものというのは、どのぐらい発展なり、まさに内発的な変動があったのかということを、そこのところはかなり年代も限られているし、資料もありますから、実証的にやっていけるのではないかと思うんです。

鶴見　それをぜひお願いしたいの。つまり、その結節点というものを自分で考えついた時に、飛び上がるほどうれしくて、でも南方をそれにくっつけていいかどうか。というのは、田村論文を読んで、あんまり自分の問題意識を読みこんではいけないぞという警戒心がついたのよ、私(笑)、お蔭様で。時代錯誤をやっちゃいけないぞって。そうしたら、どうやったらこれが結びつくかつかないかをうかがいたいの。松居さんにうかがいたいというのは、じつは今回の一つの狙いだったの。

田村 でも、男性的論理の言葉で厳密に論証していくことがまだ困難な問題でも、女性的直観で本質をつかんでしまうということも起こりますし、この点は本当にそうかもしれません。肯定的に答えることができるかもしれない。

鶴見 いや、私、そうだったらもうすごくおもしろいと思う。そしてそれはなぜか。というのは、また粘菌に戻るんじゃないかなと思うの。

田村 そうですね。熊楠のエコロジー的な思索の核になっているとか、あるいは導きの糸になったのが変形菌だったということに本当になっていれば、おもしろいですね。

鶴見 私、そこが一つカギをにぎっているかなと思うの。だけど、そんなことをいうと、それこそでたらめなこじつけだなんて言われるから、ちゃんと一歩一歩、実証的にやっていかなくちゃいけないと思っているんだけれど。

田村 私どもの南方邸調査の過程では、熊楠が手を染めた領域の広さに呼応しまして、いろんな領域の専門の方に参加していただきました。その過程で私たちもいろいろなほかの領域の専門の方に教えていただく機会が多かったんですが、変形菌と生物学の両面については、生物学や生態学の方々から教えられることがとても多かったんです。

変形菌について、和歌山県の生態学者の方が大変興味深いことをおっしゃいましたのは、さっき先生がご指摘されたとおり、森林の中に生態系があり、その秩序の中で変形菌はそれぞれ自分の繁殖する場所を見つけて増えます。だからどこに変形菌があるかわかるためには、観察者として、あそこにあるはずだと検討がつくためには、森全体のことを知ってなくてはいけない。変形菌の採集、観察ができる人は森がわかっていなければいけないと。

鶴見　だから熊楠が原生林を歩いて求めたんだと思うわね。知ってたのよ。

田村　はい。ということは、変形菌の専門家は森についてわかっている人でなければいけないし、だから変形菌だけの専門家にとどまる必要はないわけです。森の中のほかのいろいろな楽しみにだって出会えるわけですし、熊楠はその方向に乗りだしていたんだろうと思いますし、なぜ熊楠が森の人になっていったかというと、きっかけは変形菌だったという可能性をそのように跡づけていく……。

熊楠評価の現代的・未来的意味

鶴見　だからこれは私にとってすごくおもしろい問題なの。そうすると、この次に対談を考えている人は服部英二さんなの。その人は昨日もちょっと申し上げたと思いますけれども、ユネスコ本部にいて、ずっと科学と文化の対話をやってきているの。物理学者とか、いろんな自然科学の先端のことをやってる専門家――いま生物学が先端になってきていますから、生物のことなど――、いろんな人を各国から呼んで、そして自分は哲学者なの。京都大学の哲学とソルボンヌ大学の哲学を出て、日本では西田哲学をやって、フランスに行って西洋哲学をやった。その人がそういうセミナーをずっとユネスコ本部にいるあいだ企画して、毎年やってて、私をブラジルの会議に呼んでくれたの。どうして私が呼ばれたか全然わからないんだけれど。そこで「アニミズムにもとづく科学」という突拍子もないことをやったのよ。そうしたらすごくおもしろがってくれて、それで最後に東京の国連大学でユネスコ本部と国連大学の合同セミナーに呼んでくれて、そこでジャック＝イヴ・クストーがいっしょに講演して、そして日本からは大江健三郎さん、この二人が講演して、そして後はセミナーで、私は南方熊楠の曼陀羅論が未来のパラダイム転換の一つのモデルになるという論文を出したの（本書三九頁参照）。それで、それをずっと取り仕切ってやってきた人で、いまはイスラム圏に行って、そのようなイスラーム文化圏と科学との関係という国際会議を、ずっとやっているのよ。その人に来てもらって、いまの私の疑問をぶつけようと思うの。*

＊服部英二氏との対談は『「対話」の文化』（藤原書店、二〇〇六年）として刊行。

ところが、彼はすでにそれを先取りして、東京の会議の時のメッセージをいつでも出すの。そこでの結論は、古今東西南北、文化は違って、地域は違うけれども、科学と文化は通底するというメッセージを出したっていうの。それで私がこのあいだ電話で話して、私はこういうことを考えているんだといったら、それはもう東京メッセージで私たちが出したじゃありませんかって。確かにそうなんです。だけど、それをもっと具体的に、エコロジーと曼陀羅という関係でつきつめていきたいと思っているんだけれど、とてもおもしろいじゃやない。なぜそうなるのかというと、自然観察なのよ。田村さんが論文の最後に、南方熊楠の自然の標本をもっとよく調べていくことが一番大事じゃないかと、最後に書いたでしょう。やっぱりそうなのよ。ことに変形菌ね。だからその問題を対談シリーズの最後のところへもってきたい。これからの地球の未来、つまり未来世代への現世代の責任ということを国連憲章に入れたいという、ジャック＝イヴ・クストーの最後の願い、それが彼の死んだ年、一九九七年にユネスコの宣言に入ったのよ。だから運動としてはそこにつながってくるのよ。だからすごく大事だと思う。

田村　どんな森林を維持して、次の世代へ残すかといった問題は、とても大事な問題なんですけれども、この点について、まったく方向性というか、どういうものがよいかという基準が全然まだ社会的に共有されていない。問題の存在そのものにも気づかれていない。これは深刻な状態だと思います。

鶴見　だってブッシュは戦争を、あらゆるところで先制攻撃をするといっているでしょう。それはあらゆるところで地球を破壊していくことよ。そうしたらどうなるのよ。だから熊楠における結節点を、彼は自覚してたんだ、というのが出たらすごくおもしろい。つまり、熊楠評価に現代的な、未来的な意味が出てくるんじゃないかなと、私は突飛なことを思っているの。そこをぜひ実証的に突きとめていただきたい。それを松居先生、田村先生、雲藤先生、千田先生、若き世代にお願いします。

松居　わかっていたからやったというのは、説明としてはきれいですけれども……。

鶴見　いや、わかっていたからやったんじゃない、やっているうちにわかったと言いたいの。だからそういうふうな解釈が、彼がその結びつきの仕事を、いまから考えればしてたんだと言えるのではないか。そうなの、わかっていたからやったんじゃない。やってたからわかったのよ。やらなきゃわからなかった。

田村　そちらの方が期待がもてるというか、楽しいように思いますね。

鶴見　私はそう思う。実践が先なのよ。

雲藤　熊楠がやっていた仕事というのは、ぼくがイメージするのは、彼は一介の市井の人たちの物語を記録して、後の世に伝えていきたい……。

鶴見　銭湯で聞き取りを……。

雲藤　そう、ああいうことをしたい。だからなぞなぞ遊びなどを熊楠は、丁寧に記録したりするんです。このような遊びは、当時は当たり前にみんなが知っていたことだったわけですが、その当たり前のことが意外に後世に伝わっていかない。もう失われそうになっているから、それを記録しておきたいと。だからぼくのイメージでは、熊楠の欲求として、日本の文化や社会、さらには本当に狭い地域社会の独特な文化なども含めて、その多様性をそのまま保存しておきたいというのがあるような気がするんです、熊楠の仕事の中に。
鶴見　それが民俗学なんです。
雲藤　そうなんです。例えば、宮武省三にあてて、熊楠は次第に忘れさられてしまう日本の説話を記録するのは喫緊のことだと書いています。このエコロジーというのは、いろいろな植物層、動物層、人間の世界でも、その多様性があることによって生きていけるというのがエコロジーの思想ですね。そのエコロジーの思想と、熊楠が民俗学でやっていたこととか、植物学でやっていたこと、あるいは「神社合祀反対運動」などの社会活動などとが、多様性を保存するという一点においては一致するように、ぼくは思っているんです。
鶴見　そうだ。確かにそうだ。だから曼陀羅を私流にいうと、異なるものが異なるままに、ともに補いあい、助け合って、ともに生きる。それへの道を追求する思想。曼陀羅を平たくいえば、そうだと。ところが、エコロジーもそうなのね。多様性は多様なままに、つまり、多様性があるということは現実世界の現実なのよ。それでブッシュもそれは認める。だけど、多様なものを殺すことが大事だ、自分が一番偉いんだ。だから自分のようにみんながならなければならない、ならないものは殺していけば、これで世界は平和になる。そういう平和思想がブッシュなのね。それがキリスト教原理主義なの。
松居　それがかなり男性的であることは認めざるをえない。
鶴見　いや、もう男性、女性はやめましょうよ。どうでもいいのよ。女性だって、たとえば一部の政治家は同じよ。そう考えているの。だから女性、男性じゃなくて、私は女性的な男性を信頼する。しかし、男性的な女性を信用しない。

千田　私もです。絶対信用しません。

鶴見　そうでしょう。私、そうなの。もうそれで割り切っているの。だから男が、女が、じゃないの。こういう特徴をもっている女、こういう特徴をもっている男と考えて、そういう女、そういう男は信用する、信用しない。もうそういうふうに決めているの。

千田　私も決めています。ただ、そういう問題とさきほどお話ししたこととは少し違う次元のことかな、という気もします。言い出しておいて何ですが、男性・女性というメタファーをそこかしこに使ってしまうのは、とても危険です。そこは慎重を期さないといけないとは思っています。

鶴見　だから、さっきの古代思想としての曼陀羅と近代のエコロジーとの結節点を、ぜひ、南方熊楠文献、資料を通して実証していただきたいの。

松居　熊楠の場合は、そういうところをかなり実証的に議論できる土台があります。何にももとづかないで理念的なことをいっているのではないような土台というのを、熊楠はつくっていて、そこがいいところじゃないですか。

鶴見　いいわね。それをぜひやってください。そうするとすごくおもしろいの。古代思想と現代科学の先端とが結びつくのよ。何が縁結びになっているかというと、自然なのよ。自然のもっとも原初的形態が変形菌なの。そこがおもしろいじゃない。

田村　熊楠につきましては、熊楠その人がともかく日記、書簡まで、自分が行っていること、考えていることを、いろんな形で書き残しているということがとても大きいわけですが、そしてやったことが自然科学と人文系の文献研究と両方にまたがっていて、やったことは幅が広い。で、集めた文献も広い。そういったものが彼の生活史との関係で、田辺の南方邸に集中して残っている。そしてそれをご遺族が忠実に維持された。

鶴見　まだまだ拾いあげられる。

田村　いろいろな幸運な偶然が重なって、今日に至っています。

鶴見　だから皆さん、長く生きてください。私はもうこれで終わりよ。

田村　やらなければいけないことがまだまだ残っているんですが、本当に幸いなことに、南方が残した資料は田辺市が管理して、研究目的でこれから運用できる施設*にしようとしているところです。目録作りは十年以上かかって、やっと一応目処が立ちました。ということは、何があるかを調べることがやっとできるようになりました。熊楠についての研究はこれからまたエポック・メイキングになると思うんです。

*二〇〇六年に「南方熊楠顕彰館」が正式に開館した。

鶴見　熊楠研究というのは、ただ狭い熊楠を研究するというのではなくて、いまの地球的規模の問題がそこに隠されているというところのおもしろさじゃない？　謎解きね、学問的にも社会的にも。これこそグローバリゼーションよ。グローバルな形で関心があるのよ。地球が破壊されるかどうかという人類の未来にかかっているの。おもしろいわよ。

開かれた曼陀羅に

松居　先生がこういうネットワークをつくるということが重要だとおっしゃっていただいて、われわれもそういうふうに思っています。特に、基礎資料を出していくという意味で、こういうネットワークは必要だと思うんです。でも、それが何か熊楠研究を閉じてしまう形ではなくて、それによって熊楠がいろんなところで使われるような形に開いていくようにしないといけない。

鶴見　私、それが必要だと思うの。つまり、これが熊楠を細かく細かく分析していくという、そういう方法だと見られないように、開いていく。そう、いろんなところへ開いていく。だからいろんな専門家が集まる。その多様性が大事なの。だからこのネットワーク自身が曼陀羅になること、そして曼陀羅の萃点になることが必要なのよ。それをやってください。自ら萃点を実践するのよ。萃点では何が出てくるのかということをやってください。それはおもしろい。

それからさっき、千田さんがおっしゃった、境界を乗り越えていく力という、あれはすごくおもしろいのよ。それが粘菌なのね。粘菌について、ご進講の時に天皇陛下の研究所所長の服部広太郎と論争があったでしょう。あれに見えるように、粘菌の性質自身が動物であるか、植物であるかという論争ね。そして原始動物であると南方はいった。そうしたらそうじゃなくて、服部広太郎は原始生物だといってくれ、それならいいけれど、動物だと言わないでくれ。それであれがまだ決着が立たないけれど、神谷伸郎さんという、顕微鏡で粘菌を研究した人は、動物界と植物界の中間の生物であると、そういうふうにいったら、決着がつくんじゃないかと、あの人は死んじゃったけれど、いったのね。それでまた決着がついてないの。そういう境目を飛び越える研究対象をもったということが、まず運命的におもしろい。だからどこでも、粘菌が乗り越えられるなら、ぼくだって乗り越えられるよと、ピョンピョンピョンと飛んでいくことができたんじゃないか。これは粘菌の功徳なのよ。粘菌に励まされたのよ。私、そう思う。日本人は所属ということをすごく大事にする。あなたの所属は、何かというときに肩書は、所属はというでしょう。あれなのよ。所属なんかどうでもいいというのが粘菌で、ピョンピョンピョンと飛んでいくの。それに励まされて、彼はピョンピョンピョンと飛んでいったの。

枠組を飛び越えるってそうなの。そこがおもしろいの。だからつながらないものをつなげられるのは、飛び越えられるから。飛び越えるのは女か男かといったら、そこは女も男も飛び越えられる人は飛び越えられる、飛び越えられない人はそこへとどまる。植物だって根が張って、そこから動けない。そういう時に粘菌は死んでいるんだと彼はいったわけよ。飛び越えられる時に生きてるんだ。ここがおもしろいのね。

大変にありがとうございました。私も勇気づけられました。

田村　さきほども申しましたけれども、そういったことを考えていく時に、地に足のついたというか、議論をするためには、専門家に教えていただくことがとても大事で、変形菌を森の中で観察することというのは、やはり生物学者、生態学者、それもフィールドワークをしている生物学者に教えてもらわないと、われわれはにわかに勉強してもわからない。熊楠をやっていて、この十年間楽しかったことの何をおいても第一はそのことで、いろんなジャンルの方がそれぞれの世界を教えてくれる。そのこと自体が本当に楽しいことでした。

鶴見　そうよ。私もそれが好きなの。自分の専門領域で教えてもらうことよりも、ほかから自分の問題について教えてもらう方がずっとおもしろいの、有益なの。

田村　そういったいろいろなジャンルからの教えがあり、支えがないと、熊楠はわからないという点では、やはり熊楠は特別というか……。

鶴見　わからないわよ。そうなのよ。そこがおもしろいのよ。それから粘菌がドロドロになったり、胞子が出てきてきれいな形になっていく、変形していくきっかけは何ですかということを、頼富さんから聞かれたの。で、熊楠の中では風が吹いてくるとか、気温が変わるとか、そういうことですね。だから外部の力がきっかけになるんですね。

雲藤　環境が整うと……。

鶴見　環境の変化。

松居　ただ、そこも、こういう状態になったら変化するということはないですね。一義的にこれで決まるということは……。

雲藤　種によって違う、同種でも決まらないんですか。

松居　そこはもう一度、萩原博光先生なり、専門家の方に聞かないといけないんですけれども、私の理解では、それはある程度、偶然に左右されると。

鶴見　それが偶然ね。

松居　もちろん、あるきっかけというのはあるけれども、しかしこれだから決定的にこうなるというものではないという印象でした。

鶴見　ああ、因果関係が必然性でつながっていない。

雲藤　おもしろいな。

鶴見　こういう状態の時にこうなったら、こういうことと、こういうことが偶然に重なったらこうなると。

松居　近代の生物学というのは、動物を機械としてとらえようとしてきたんだけれども、そこは機械ではない。

鶴見　そうよ。だからいろんな偶然の要素でそうなる。

松居　そのあたり、もう一度考えてみたいと思います。

鶴見　おもしろかったわ。ありがとうございました。このネットワークをどうぞ曼陀羅にしてください。

（二〇〇五年四月二十九日―三十日　於・京都ゆうゆうの里）

前列右より松居竜五、鶴見和子、千田智子の各氏、後列右より藤原良雄（藤原書店社長）、および田村義也、雲藤等の各氏（2005年4月30日、京都ゆうゆうの里）

編者あとがき

本書の中心をなす座談会が開かれたのは、二〇〇五年四月のことである。座談会のテープ起こしは終了後、すぐに作成されたのだが、その後、二〇〇六年七月の鶴見和子の死去などの状況によって、編集を進められないままに、十年という歳月が流れてしまった。

この十年間、南方熊楠に関する研究にかなりの進展があったことは、本書第Ⅰ部で記した通りである。また、二〇一一年三月の東日本大震災を初めとして、この間に生起したさまざまなできごとによる世相の変化も、あらためて振り返ると痛感させられるところである。

そうした状況の中で、当初この座談会の編集を再開した際には、対話の内容がやや古びてしまっているのではないかという危惧を持たないわけではなかった。また、十年前の自分たちの発言を見直すことに、やや気恥ずかしさのようなものが伴っていたことも事実である。

しかし、いったん原稿を読み返すと、座談会の当日にタイムスリップしたかのような気分にさせられた。とりわけ、今は亡き鶴見和子の肉声の抑揚が持つ力には、ふたたび心を揺さぶられるような思いであった。時には遠慮のない批判を含めて、投げかけた私たちの率直な質問に、一つ一つ真摯に応えていただいていたことに、今さらのように気づかされた。

特に、鶴見が南方熊楠の思想を現代の環境や政治の問題とつなげて論じている後半の内容は、意外に重要なものであるように思われる。小泉首相やブッシュ大統領の名前が挙げられているような部分の対話は、すでに時代遅れなのではないかと最初は感じられたのだが、読み返すにつれて、その時の鶴見の思考の発露として、非常に興味深いものと思われるようになった。

第Ⅰ部にも記したように、主に二十世紀後半に活躍した鶴見和子の思想の「時代性」、という部分は、今後さらに歳月が流れるにつれてますます浮き彫りになってくるだろう。しかし、それは鶴見の思想が古びるということを意味しているのではない。結局のところ、一人の人間の思想は、その生きた時代と密着しているからこそ、永遠に意味を持ち続けるのである。

そのことは、人間の生命が繰り返しのできない一回性のものであり、まさしく鶴見の言うように「内発的」なものであることと、深く関わっているのであろう。十年間という熟成期間を経て日の目を見たこの座談会は、そのような時間というものの持つ力も感じさせてくれるように、私には思われる。

編集にあたっては、座談会に参加していただいた田村義也、雲藤等、千田智子のみなさまにさまざまなご協力をいただいた。鶴見和子の晩年の対談シリーズを藤原良雄社長とともに支えた刈屋琢氏が編集を担当されたのも意味のあることだと考えている。また、鶴見和子の没後に残された遺品を収蔵された京都文教大学図書館のご好意により、一九九〇年の鶴見の熊野旅行の際のノートを掲載することができたことも意義深い。

最後に、本書が鶴見和子という現代日本における稀有な学者・思想家であり、私たちや、他の多くの人々の師でもあった女性の業績を次の世代に伝えるための、一つの結節点となることを願いたいと思う。

二〇一五年五月二十四日

松居竜五

うに寝ていた。おこして、

「神社の〔や〕お寺は朝はやいんだから」といったら、
ねむそうにしていたがテントをたたんで本殿の前でぴょこんとおじぎをして出ていった。

まことにユーモラスな宮司さん。朝日権宮司とは対照的。

宝物殿を見せていただいた。

御神体はこれまでかくされていたが、学術調査の時にとったしゃしんがかざってあった。

女神像は豊頬〔?〕の仏像に似た美しいお顔だちであった。これは画に描かれ彩色がほどこされていた。

はじめて桧扇の原型を見た。

桧の板の素地に絵の具で描いた素朴なものだが、美しかった。遠山に芦の雪景色。

おまんじゅうやさんで昼食。ここのうすかわまんじゅうはとてもおいしかった。

大斎原（旧本殿跡）は杉木立にかこまれて、神さまの降りてこられるのにふさわしい場所であった。

ここに一遍上人がおこもりをして、念仏踊の発祥の地となった。

大祓〔祓戸〕王子まで車でゆき、そこから熊野古道を歩いて本宮に出た。古道は植林した杉林。下草は原生林とくらべものにならない。西嶋さんのおかげで、ぜんまいとわらびの葉が全くちがうのをしる。

5時ごろ鼻白の滝にゆき、白虎社のパーフォーマンスを見る。

滝と岩を背景にして、さまざまの形をした大中小の岩の上で、裸形にからだを白くぬった男と女の群舞。これが第三部のフィナーレ。（第一・二部はすでにわたしたちの到着前に終っていた。）

男は松明を、女は花火をふりかざす。

この題はなんですかときいたら大須賀氏はしばらく考えて、「火と滝の婚礼」と答えた。

水と土と火の舞である。

このようなところで「石橋」をおどったらいいだろうと大須賀氏。

こんなところでわたしは山姥の山めぐりを踊りたい。


（京都文教大学「鶴見和子文庫」所蔵資料より）

わかった。

　大坂屋の初代主人は、宝暦4年ごろ大坂からここへきた。

　熊野33番札所の巡礼宿がここらに多かったが、大坂屋は、一般の参詣者の宿としてさかえた。

　廃仏毀釈の時那智大社の観音様を下に移したために、ここには人が泊らなくなって、宿屋がさびれた。

　そこでいなゑさんのお父さんは、アメリカへ出稼ぎにいった。娘の写真を見たいといわれて、お母さんにつれられて、いなゑさんは勝浦まで人力車にのっていって、しゃしん屋にゆき、しゃしんをとってお父さんに送った。(熊楠も人力車にのってここへきた。)

　南方が大坂屋に滞在したのは、ここが植物採集の要路にあたっていたためである。

　　三つの採集ルート
　　南方へ　①大坂屋の宿の裏に城野山に登る道があって、城野山から妙法山の南にのぼった。

　　北方へ　②くらがりの岩へつきぬける道
　　北西へ　③那智一、二、三の滝へ。

　大坂屋の前、大門坂。ここの石段はきき足で登れるようにしてある。参道に木をうえて日影になるようにしてある。

　久原氏は勝浦町に今ある旧大坂屋のたてものを見に案内して下さった。

　夜、熊野集会場——地域おこしのグループ12人と懇談会。

8月5日

　速玉神社参詣。

　さわやかな神社。

　梛(竹柏)の大木が参道左手にある。樹齢約700年。社殿で、神主さんに生れてはじめてお祓いをしていただく。

　本殿に玉串をささげる。

　権宮司上野顯氏は、岩沢さんのお友だちで、若くて、さわやかな人。この神社は夜も門を閉さない。ある朝、社務所の戸を開けると、その前にテントが張ってあって、中に若い男が気持よさそ左手にはしゃれた門構えの新らしい家がたっている。古川先生が、ここが大坂屋のあったところだといって､門の中に入ってゆかれた。しばらくしてわたしたちを招じ入れられた。

玄関に出てこられたのが稲垣いなゑさん。南方が大坂屋に滞在して隠花植物などの採集をしていたころ､いなゑさんは5歳であった。今は90歳である。85年前のことをよくおぼえておられた。

南方の想い出を書かれた文章を見せていただいた。これは『南紀伊新聞』に掲載されたものの原稿であった。

これを拝借して、その夜、ホテルでコピーしてもらって、翌日お返しにあがった。

夜は、廃校となった出合小学校で合宿している白虎社にゆく。大須賀勇氏、蛭田早苗氏らに会う。中瀬喜陽さんもすでにきておられた。

夕食のごちそうになりながら、明日の南方熊楠についての講演、座談会の打合せをする。

8月4日

朝8:30出発して、出合小学校に岩沢さんの車でゆく。中瀬喜陽氏が南方の人物像について話す。わたしは、南方熊楠の創造性——南方まんだらについて話す。

あと大須賀氏の3人で座談会。

昼食を白虎社でいただく。

午後、市野々の稲垣いなゑさんのところへ、珍重庵のお菓子をもって、昨日の原稿をお返しにあがる。

今日折よく養嗣子の久原脩司氏（和歌山県立新宮高校教諭）がおられて、お話をうかがう。

稲垣いなゑさんは大坂屋の8代目､「ひいばあさん（当時70代）が南方先生のお気に入りで、お酒の相手をした。いつもべんきょうするか、お酒をのむかしていた。」

南方は、関所趾からもってきてつくったはなれの6畳と8畳を書斎と住居にしていた。母屋の庭石の上でいなゑさんが友だちとまりつきをしていたら、南方に「うるさい」と叱られ、とてもこれてこちらが叱られたのかとおどろいた。

だが、主語は、「この土地の人は」であることがあとでわかった。朝日権宮司は地元の人ではない。神戸からこられたお人であった。

この土地の人は、このお山の値打ちがわかっていないから、入山制限をして、適当と思われる人に限って許可を出すことにしているといういみであることがわかった。

自由に人が出入りできるように開放すれば、山の木や草は荒らされるかもしれない。木や草が荒らされれば、滝の水は涸れてしまうだろう。

一の滝は、観覧料が 100 円、滝の水を飲むのに盃が 100 円。

一般に公開されているが、すべて金銭ずくである。今のところ一の滝だけを一般公開して、二の滝、三の滝は許可制である。朝日氏が頑固に原生林を非公開にして守っているために、滝の水が辛うじて保たれているのかもしれない。

一の滝の右手の岩面に風知草（裏葉草ともいう）が風になびいていた。

山を下りてきたのは 2 時すぎであった。

小倉さんにおひるをごいっしょにとさそったが、小倉さんは神社で用意しているからといっていそいでゆかれた。

ところが権宮司さんの話ではかえりがあんまりおそい（はじめは一の滝だけという予定だったから）ので、昼食はなく、ビスケットだけやった、ということであった。わたしのわがままのために小倉さんには大変お気の毒なことをした。

ふもとのおみやげやで杖を貸してくれたのを返すついでに、すこしの買物をした。そのとなりに茶店があって、「ひやしあめ、しょうが入り」と出ていたので、みんなで「ひやしあめ」をのんだ。そのおいしかったこと！　しかし中嶌先生は「麦のエッセンス」を飲みたいからと断られた。

昼食に中嶌先生はビールをおいしそうに召しあがった。

社務所に向う途中、なんじゃもんじゃの木（丸葉ちしゃのき）を見る。

午後は青岸渡寺に参ってから、古川先生の案内で市野々へゆく。

那智山へ登る入口に「下馬」の石標が立っている。右手は関所趾。

清らかな気を深く体内に吸いこみながら歩く。

二の滝は、はじめ細く、なかほどが豊かにふくらみをもって、そして裾は細く引いている。まことに女舞の優雅な姿である。蒼く透明な淵にはたかはやの小さな魚の影があった。

三の滝は、二の滝にくらべて幅広で、水量は平常の 1/3 ということであったが、それでも雄壮な水の流れであった。まんなかから下方にかけてさまざまな岩の凹凸があって、いくつもの中・小の滝の流れが一つの大滝を形作っているのがおもしろい。

中嶌先生が下草のさまざまの植物の名を教えて下さるのだが、わたしはころばずに歩くことに熱中していて、いちいち名前を書きとっておくことができない。

ここは許可なく入ることのできない原生林で、常緑広葉樹林である。したがって下草の種類もさまざまである。南方熊楠にとって最良の採集場の一つであった。

名前をおぼえているものだけ記しておく。

こけしだ（又は大久保しだ）
狐の尻尾（狐の尻尾のようなもしゃもしゃした苔）
獅子頭しだ
橡葉にんじん（薬用になる。美しい紅いルビーのような実をつけている）
梅花甘茶
ちゃぼほととぎす

三の滝の周りの岩場の高い枯木の枝から白い糸のようなものが幾筋も、長く垂れさがっていた。これは「山姥の髪」という菌なのだそうだ。自分が山姥になって、わたしの髪の毛がそこにかかってゆれているような気がした。

那智大文字草（小さな草だが、花が大の字に咲くために名づけられた）

三の滝から下りて、那智大社に詣った。

社務所の、一の滝を真正面に眺む応接間で、権宮司朝日芳英氏に挨拶する。この人の許可がなければ那智の原生林には入山できないのである。

応接室に入るなり「この山のありがたさが分っとらん」といわ

カウンター席に坐っていた和歌山放送の記者（三浦隆雄氏）がやってきて、

列石（勝浦から新宮まで石がならんでいる）

山手には銅山、海手は漁業——八幡村

渡来人（海側）と土着人（山側）とを分けている。——棲み分けのしるし（？）。

8月3日

8:00A.M. ホテル出発。

この地方の植物の専門家中嶌章和先生、郷土史の古川慶次先生、那智大社の原生林管理人の小倉さん、岩沢さんと奥村さんと、わたしの6人。

岩沢さんはじめ同行の方々は、わたしの年齢をおもんばかって、一の滝までと考えておられた。

わたしはゆうべやはまで滝のビデオを見せていただき、また車中で梅原猛『日本の原郷　熊野』をよみ、一の滝は序の舞、二の滝は女舞、そして三の滝は男舞と書かれているのをみて、ぜひ三つともにいってみたいと思った。

それで一の滝の上に出たところで、二の滝が見たいといい、二の滝ですこし休んでから、もうちょっと路をのぼりたいといって、とうとう三の滝までいってしまった。

かなり急な坂道で、岩に張られたロープを伝って横ばいするところもあった。

またいくつも川を渡ったが、橋はなく、岩づたいに足場を求めてゆくうちに、川水に足をひたすところもあった。

小倉さんが倒れた木を二本わたして、その上に奥村さんがまたがって坐って、急ごしらえの丸木橋を作って、そこをわたったこともあった。

東京の地下鉄や電車の駅の階段を荷物をもってのぼるよりも、もっとらくらくと急な山路をのぼったり下りたりできた。樹木がしげりあいさまざまな下草がおいしげって、すずしい風が吹き渡っていた。なにしろ空気がおいしい。身体じゅうの毒をはき出して、

〈附〉鶴見和子　熊野行ノート
1990年8月2日〜5日

1990年8月2日（木）

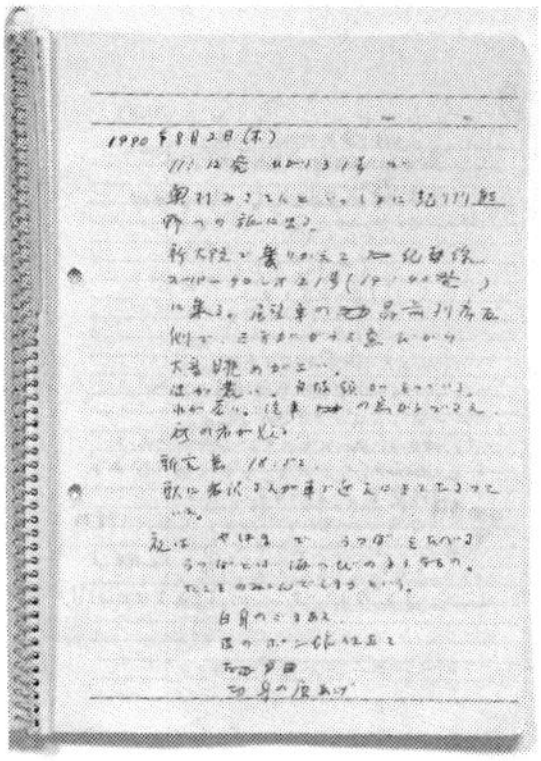

11:12発ひかり31号で奥村みささんといっしょに紀州熊野への旅に出る。

新大阪で乗りかえて紀勢線スーパークロシオ21号（14:40発）に乗る。展望車の最前列席右側で、三方がガラス窓だから大変眺めがよい。

波が荒い。白波頭が立っている。水が蒼い。汽車の窓からでさえ、底の岩が見える。

新宮着18:52。

駅に岩沢さんが車で迎えにきて下さっていた。

夜は　やはま　でうつぼをたべる。

うつぼとは海へびのようなもの。

たこをのみこんでしまうという。

白身のごまあえ
皮のポン酢仕立て
切身の唐あげ
練りだんご
うつぼ入り冷し茶碗むし
うつぼでだしをとった味噌汁
目ばり寿司
（高菜巻き）（目を白黒させてたべるほど大きいにぎりめしを高菜でつつんだ。これをもって山仕事にいったと伝えられている。）

著者紹介

鶴見和子（つるみ・かずこ）

1918年東京生。39年津田英学塾卒業、41年ヴァッサー大学哲学修士号取得。65年ブリティッシュ・コロンビア大学助教授、66年プリンストン大学社会学博士号（Ph.D.）取得、69年上智大学外国語学部教授、同大学国際関係研究所所員（～89年。82～84年同所長）。上智大学名誉教授。専攻、比較社会学。95年南方熊楠賞受賞。99年度朝日賞受賞。2006年歿。

主著として、『コレクション 鶴見和子曼荼羅』（全9巻）、歌集『花道』『回生』『山姥』、『鶴見和子・対話まんだら』『邂逅』『曼荼羅の思想』『おどりは人生』『「対話」の文化』『いのちを纏う』『米寿快談』『遺言』『「内発的発展」とは何か』（以上藤原書店）など多数。他に映像作品として、その生涯と思想を再現した『回生―鶴見和子の遺言』と、『自撰朗詠 鶴見和子短歌百選』がある。

雲藤等（うんどう・ひとし）

1960年北海道生。早稲田大学大学院社会科学研究科博士後期課程修了。博士(学術)。早稲田大学エクステンションセンター講師。専攻、日本近代史・認知心理学。著書『南方熊楠 記憶の世界――記憶天才の素顔』（慧文社、2013年）『南方熊楠と近代日本』（早稲田大学出版部、2013年）、共編著『南方熊楠 平沼大三郎 往復書簡［大正十五年］』（南方熊楠顕彰館、2007年）『高山寺蔵 南方熊楠書翰――土宜法龍宛 1893-1922』（藤原書店、2010年）など。

千田智子（せんだ・ともこ）

1971年愛知県生。2001年東京工業大学大学院社会理工学研究科価値システム専攻博士課程修了。博士（学術）。日本学術振興会特別研究員を経て、東京芸術大学非常勤講師・芸術人類学研究所特別研究員（当時）。著書『森と空間の建築史――南方熊楠と近代日本』（東信堂、2003年）など。

田村義也（たむら・よしや）

1966年岩手県生。南方熊楠顕彰会常任理事、成城大学非常勤講師。東京大学大学院修士課程修了。専攻、比較文学比較文化。共編著『南方熊楠とアジア』(2011年)『南方熊楠大事典』(2012年、共に勉誠出版)、共訳書『南方熊楠英文論考 ［ネイチャー］誌篇』(2005年)『同 ［ノーツ アンド クエリーズ］誌篇』(2014年、共に集英社) など。

松居竜五

編者紹介参照

編者紹介

松居竜五（まつい・りゅうご）

1964年京都市生。東京大学大学院総合文化研究科比較文学比較文化専攻博士課程中退。龍谷大学国際学部教授。専攻比較文学比較文化。著書『南方熊楠　一切智の夢』（朝日選書、1991年。小泉八雲賞奨励賞）、共編著『南方熊楠とアジア』（2011年）『南方熊楠大事典』（2012年、共に勉誠出版）『南方熊楠の森』（方丈堂出版、2005年）、共訳書『南方熊楠英文論考 ［ネイチャー］誌篇』（2005年）『同 ［ノーツ アンド クエリーズ］誌篇』（2014年、共に集英社）他。

南方熊楠《みなかたくまぐす》の謎《なぞ》——鶴見和子《つるみかずこ》との対話《たいわ》

2015年6月30日　初版第1刷発行©

編　者　松　居　竜　五
発行者　藤　原　良　雄
発行所　株式会社　藤　原　書　店

〒162-0041　東京都新宿区早稲田鶴巻町523
電　話　03（5272）0301
FAX　03（5272）0450
振　替　00160-4-17013
info@fujiwara-shoten.co.jp

印刷・製本　中央精版印刷

落丁本・乱丁本はお取替えいたします
定価はカバーに表示してあります

Printed in Japan
ISBN978-4-86578-031-4

VI 魂《こころ》の巻――水俣・アニミズム・エコロジー　**解説・中村桂子**

Minamata : An Approach to Animism and Ecology

四六上製　544 頁　**4800 円**（1998 年 2 月刊）◇978-4-89434-094-7

水俣の衝撃が導いたアニミズムの世界観が、地域・種・性・世代を越えた共生の道を開く。最先端科学とアニミズムが手を結ぶ、鶴見思想の核心。

月報　**石牟礼道子　土本典昭　羽田澄子　清成忠男**

VII 華の巻――わが生き相《すがた》　**解説・岡部伊都子**

Autobiographical Sketches

四六上製　528 頁　**6800 円**（1998 年 11 月刊）◇978-4-89434-114-2

きもの、おどり、短歌などの「道楽」が、生の根源で「学問」と結びつき、人生の最終局面で驚くべき開花をみせる。

月報　**西川潤　西山松之助　三輪公忠　高坂制立　林佳恵　C・F・ミュラー**

VIII 歌の巻――「虹」から「回生」へ　**解説・佐佐木幸綱**

Collected Poems

四六上製　408 頁　**4800 円**　（1997 年 10 月刊）◇978-4-89434-082-4

脳出血で倒れた夜、歌が迸り出た――自然と人間、死者と生者の境界線上にたち、新たに思想的飛躍を遂げた著者の全てが凝縮された珠玉の短歌集。

月報　**大岡信　谷川健一　永畑道子　上田敏**

IX 環の巻――内発的発展論によるパラダイム転換　**解説・川勝平太**

A Theory of Endogenous Development : Toward a Paradigm Change for the Future

四六上製　592 頁　**6800 円**（1999 年 1 月刊）◇978-4-89434-121-0

学問的到達点「内発的発展論」と、南方熊楠の画期的読解による「南方曼陀羅」論とが遂に結合、「パラダイム転換」を目指す著者の全体像を描く。

〔附〕　**年譜　全著作目録　総索引**

月報　**朱通華　平松守彦　石黒ひで　川田侃　綿貫礼子　鶴見俊輔**

人間・鶴見和子の魅力に迫る

鶴見和子の世界

R・P・ドーア、石牟礼道子、河合隼雄、中村桂子、鶴見俊輔ほか

学問／道楽の壁を超え、国内はおろか国際的舞台でも出会う人すべてを魅了してきた鶴見和子の魅力とは何か。国内外の著名人六十三人がその謎を描き出す珠玉の鶴見和子論。〈主な執筆者〉**赤坂憲雄、宮田登、川勝平太、堤清二、大岡信、澤地久枝、道浦母都子**ほか。

四六上製函入　三六八頁　**三八〇〇円**
（一九九九年一〇月刊）◇978-4-89434-152-4

鶴見俊輔による初の姉和子論

鶴見和子を語る

（長女の社会学）

鶴見俊輔・金子兜太・佐佐木幸綱　黒田杏子編

社会学者として未来を見据え、"道楽者"としてきものやおどりを楽しみ、"生活者"としてすぐれたもてなしの術を愉しみ……そして斃れてからは「短歌」を支えに新たな地平を歩みえた鶴見和子は、稀有な人生のかたちを自らどのように切り拓いていったのか。

四六上製　二三二頁　**二二〇〇円**
（二〇〇八年七月刊）◇978-4-89434-643-7

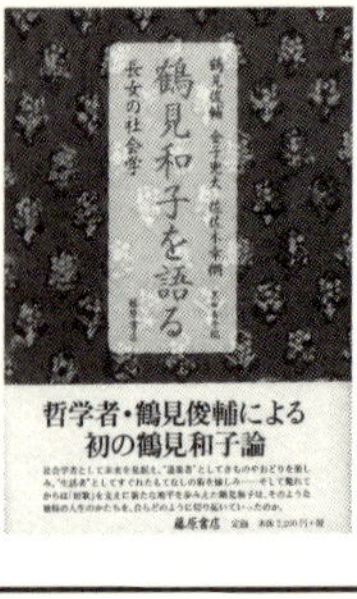

“何ものも排除せず”という新しい社会変革の思想の誕生

コレクション

鶴見和子曼荼羅（全九巻）

四六上製　平均550頁　各巻口絵2頁　**計51,200円**

〔推薦〕R・P・ドーア　河合隼雄　石牟礼道子　加藤シヅエ　費孝通

南方熊楠、柳田国男などの巨大な思想家を社会科学の視点から縦横に読み解き、日本の伝統に深く根ざしつつ地球全体を視野に収めた思想を開花させた鶴見和子の世界を、〈曼荼羅〉として再編成。人間と自然、日本と世界、生者と死者、女と男などの臨界点を見据えながら、思想的領野を拡げつづける著者の全貌に初めて肉薄、「著作集」の概念を超えた画期的な著作集成。

Ⅰ 基の巻――鶴見和子の仕事・入門　**解説・武者小路公秀**

The Works of Tsurumi Kazuko : A Guidance

四六上製　576頁　**4800円**（1997年10月刊）◇978-4-89434-081-7

近代化の袋小路を脱し、いかに「日本を開く」か？　日・米・中の比較から内発的発展論に至る鶴見思想の立脚点とその射程を、原点から照射する。

月報　**柳瀬睦男　加賀乙彦　大石芳野　宇野重昭**

Ⅱ 人の巻――日本人のライフ・ヒストリー　**解説・澤地久枝**

Life History of the Japanese : in Japan and Abroad

四六上製　672頁　**6800円**（1998年9月刊）◇978-4-89434-109-8

敗戦後の生活記録運動への参加や、日系カナダ移民村のフィールドワークを通じて、敗戦前後の日本人の変化を、個人の生きた軌跡の中に見出す力作論考集！

月報　**R・P・ドーア　澤井余志郎　広渡常敏　中野卓　槌田敦　柳治郎**

Ⅲ 知の巻――社会変動と個人　**解説・見田宗介**

Social Change and the Individual

四六上製　624頁　**6800円**（1998年7月刊）◇978-4-89434-107-4

若き日に学んだプラグマティズムを出発点に、個人／社会の緊張関係を切り口としながら、日本社会と日本人の本質に迫る貴重な論考群を、初めて一巻に集成。

月報　**M・J・リーヴィ・Jr　中根千枝　出島二郎　森岡清美　綿引まさ　上野千鶴子**

Ⅳ 土の巻――柳田国男論　**解説・赤坂憲雄**

Essays on Yanagita Kunio

四六上製　512頁　**4800円**（1998年5月刊）◇978-4-89434-102-9

日本民俗学の祖・柳田国男を、近代化論やプラグマティズムなどとの格闘の中から、独自の「内発的発展論」へと飛躍させた著者の思考の軌跡を描く会心作。

月報　**R・A・モース　山田慶兒　小林トミ　櫻井徳太郎**

Ⅴ 水の巻――南方熊楠のコスモロジー　**解説・宮田　登**

Essays on Minakata Kumagusu

四六上製　544頁　**4800円**（1998年1月刊）◇978-4-89434-090-9

民俗学を超えた巨人・南方熊楠を初めて本格研究した名著『南方熊楠』を再編成、以後の読解の深化を示す最新論文を収めた著者の思想的到達点。

月報　**上田正昭　多田道太郎　高野悦子　松居竜五**

出会いの奇跡がもたらす思想の“誕生”の現場へ

鶴見和子・対話まんだら

自らの存在の根源を見据えることから、社会を、人間を、知を、自然を生涯をかけて問い続けてきた鶴見和子が、自らの生の終着点を目前に、来るべき思想への渾身の一歩を踏み出すために本当に語るべきことを存分に語り合った、珠玉の対話集。

魂 言葉果つるところ　　対談者・石牟礼道子

両者ともに近代化論に疑問を抱いてゆく過程から、アニミズム、魂、言葉と歌、そして「言葉なき世界」まで、対話は果てしなく拡がり、二人の小宇宙がからみあいながらとどまるところなく続く。

Ａ５変並製　320頁　**2200円**　（2002年4月刊）　◇978-4-89434-276-7

歌 「われ」の発見　　対談者・佐佐木幸綱

どうしたら日常のわれをのり超えて、自分の根っこの「われ」に迫れるか？　短歌定型に挑む歌人・佐佐木幸綱と、画一的な近代化論を否定し、地域固有の発展のあり方の追求という視点から内発的発展論を打ち出してきた鶴見和子が、作歌の現場で語り合う。

Ａ５変並製　224頁　**2200円**　（2002年12月刊）　◇978-4-89434-316-0

體 患者学のすすめ〔“内発的”リハビリテーション〕　　対談者・上田　敏

リハビリテーション界の第一人者・上田敏と、国際的社会学者・鶴見和子が“自律する患者”をめぐってたたかわす徹底討論。「人間らしく生きる権利の回復」を原点に障害と向き合う上田敏の思想と内発的発展論が響きあう。

Ａ５変並製　240頁　**2200円**　（2003年7月刊）　在庫僅少◇978-4-89434-342-9

知 複数の東洋／複数の西洋〔世界の知を結ぶ〕　　対談者・武者小路公秀

世界を舞台に知的対話を実践してきた国際政治学者と国際社会学者が、「東洋 vs 西洋」という単純な二元論に基づく暴力の蔓延を批判し、多様性を尊重する世界のあり方と日本の役割について徹底討論。

Ａ５変並製　224頁　**2800円**　（2004年3月刊）　◇978-4-89434-381-8

●続刊

内発的発展論と東北学（対談者＝赤坂憲雄）

生命から始まる新しい思想

新版

四十億年の私の「生命《いのち》」

〔生命誌と内発的発展論〕

鶴見和子＋中村桂子

地域に根ざした発展を提唱する鶴見「内発的発展論」、生物学の枠を超え生命の全体を捉える中村「生命誌」。従来の近代西欧知を批判し、独自の概念を作りだした二人の徹底討論。

四六上製　二四八頁　二二〇〇円

（二〇〇二年七月／二〇一三年三月刊）

◇978-4-89434-895-0

珠玉の往復書簡集

邂逅（かいこう）

多田富雄＋鶴見和子

脳出血に倒れ、左片麻痺の身体で驚異の回生を遂げた社会学者と、半身の自由と声とを失いながら、脳梗塞からの生還を果たした免疫学者。病前、一度も相まみえることのなかった二人の巨人が、今、病を共にしつつ、新たな思想の地平へと踏み出す奇跡的な知の交歓の記録。

B6変上製　二三二頁　**二二〇〇円**
（二〇〇三年五月刊）
◇978-4-89434-340-5

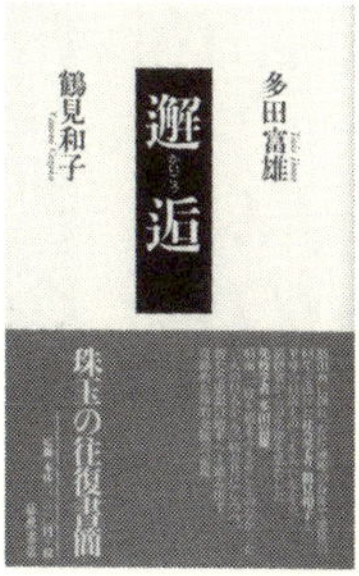

人間にとって「おどり」とは何か

おどりは人生

鶴見和子＋西川千麗＋花柳寿々紫

［推薦］河合隼雄氏・渡辺保氏

日本舞踊の名取でもある社会学者・鶴見和子が、国際的舞踊家二人をゲストに語る、初の「おどり」論。舞踊の本質に迫る深い洞察、武原はん・井上八千代ら巨匠への敬愛に満ちた批評など、「おどり」への愛情とその魅力を語り尽す。

写真多数
B5変上製　二二四頁　**三二〇〇円**
（二〇〇三年九月刊）
◇978-4-89434-354-2

強者の論理を超える

曼荼羅の思想

頼富本宏＋鶴見和子

体系なき混沌とされてきた南方熊楠の思想を「曼荼羅」として読み解いた社会学者・鶴見和子と、密教学の第一人者・頼富本宏が、数の論理、力の論理が支配する現代社会の中で、異なるものが異なるままに共に生きる「曼荼羅の思想」の可能性に向け徹底討論。

カラー口絵四頁
B6変上製　二〇〇頁　**二二〇〇円**
（二〇〇五年七月刊）
◇978-4-89434-463-1

着ることは、"いのち"を纏うことである

いのちを纏《まと》う

〈色・織・きものの思想〉

志村ふくみ＋鶴見和子

長年"きもの"三昧を尽してきた社会学者と、植物染料のみを使って"色"の真髄を追究してきた人間国宝の染織家。植物のいのちの顕現《けんげん》としての"色"の思想と、魂の依代《よりしろ》としての"きもの"の思想とが火花を散らし、失われつつある日本のきもの文化を、最高の水準で未来に向けて拓く道を照らす。

カラー口絵八頁
四六上製　二五六頁　**二八〇〇円**
（二〇〇六年四月刊）
◇978-4-89434-509-6

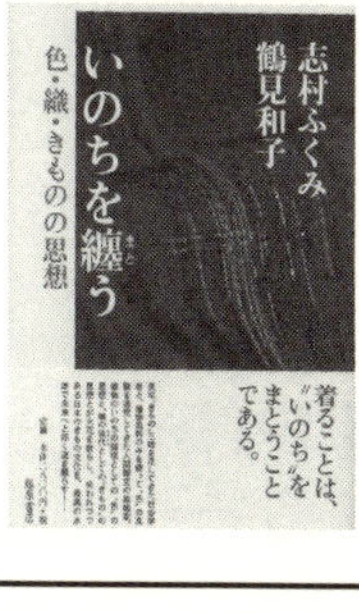

最新かつ最高の南方熊楠論

南方熊楠・萃点の思想

（未来のパラダイム転換に向けて）

鶴見和子
編集協力＝松居竜五

「内発性」と「脱中心性」との両立を追究する著者が、「南方曼陀羅」と自らの「内発的発展論」とを格闘させるために、熊楠思想の深奥から汲み出したエッセンスを凝縮。気鋭の研究者・松居竜五との対談を収録。

Ａ５上製　一九二頁　**二八〇〇円**
（二〇〇一年五月刊）
◇978-4-89434-231-6

新発見の最重要書翰群、ついに公刊

高山寺蔵　南方熊楠書翰

（土宜法龍宛　1893-1922）

奥山直司・雲藤等・神田英昭編

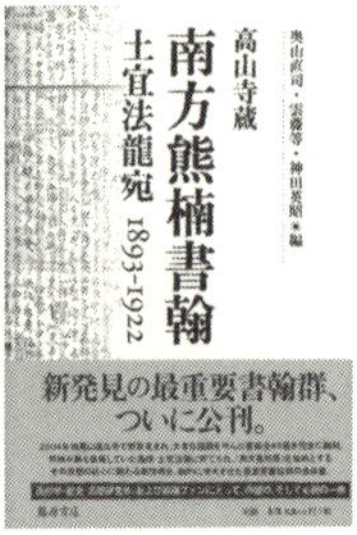

二〇〇四年栂尾山高山寺で新発見され、大きな話題を呼んだ書翰全四三通を完全に翻刻。熊楠が最も信頼していた高僧・土宜法龍に宛てられ、「南方曼陀羅」を始めとするその思想の核心に関わる新情報を、劇的に増大させた最重要書翰群の全体像。

口絵四頁
Ａ５上製　三七六頁　**八八〇〇円**
（二〇一〇年三月刊）
◇978-4-89434-735-9

〝文明間の対話〟を提唱した仕掛け人が語る

「対話」の文化

（言語・宗教・文明）

服部英二＋鶴見和子

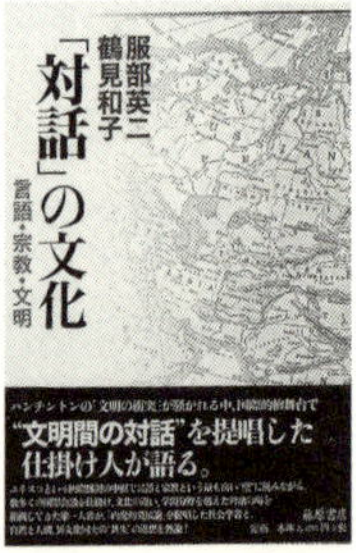

ユネスコという国際機関の中枢で言語と宗教という最も高い壁に挑みながら、数多くの国際会議を仕掛け、文化の違い、学問分野を越えた対話を実践してきた第一人者・服部英二と、「内発的発展論」の鶴見和子が、南方熊楠の曼荼羅論を援用しながら、自然と人間、異文化同士の共生の思想を探る。

四六上製　二二四頁　**二四〇〇円**
（二〇〇六年二月刊）
◇978-4-89434-500-3

詩学と科学の統合

「内発的発展」とは何か

（新しい学問に向けて）

川勝平太＋鶴見和子

「詩学のない学問はつまらない」（鶴見）「日本の学問は美学・詩学が総合されたものになる」（川勝）――社会学者・鶴見和子と、その「内発的発展論」の核心を看破した歴史学者・川勝平太との、最初で最後の渾身の対話。

Ｂ６変上製　二四〇頁　**二二〇〇円**
（二〇〇八年一一月刊）
品切◇978-4-89434-660-4